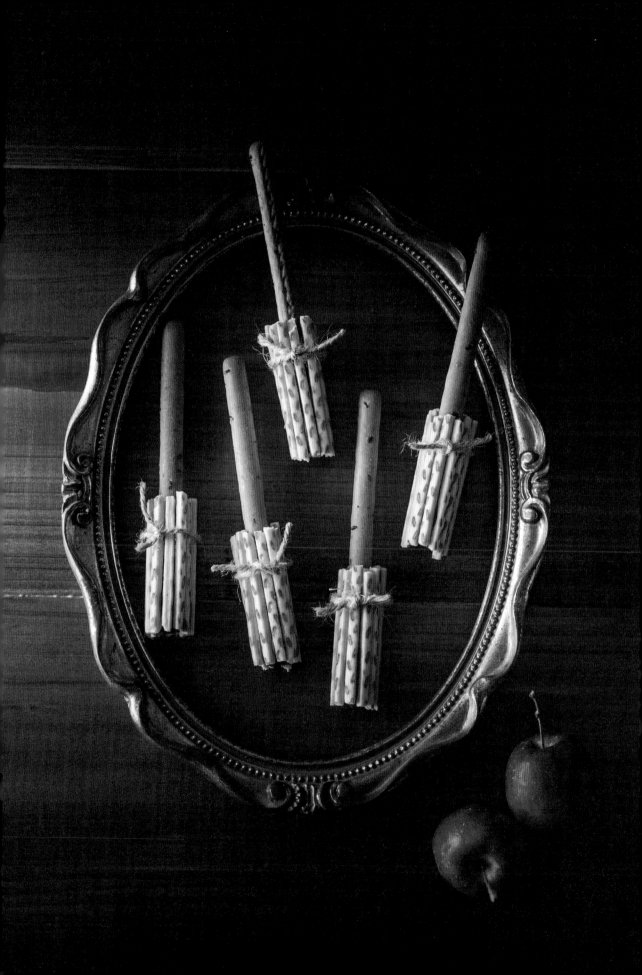

Présentation

はじめに

この世界に、素晴らしい絵本を届けてくださる作家さんに
心より感謝と尊敬の念を示します。

絵本に登場するストーリーや絵、世界観、リズムは、
わたしたちの頭の中で、ふわりと蘇ったり動き出したりします。
ひとりひとりの心の中で主人公や景色が動き出すから不思議です。

スイミーに子どもができたら、どんな色かな？
スプーンおばさんみたいに、小さかったら？

モチモチの木の「トチの実」は、砕くのが大変！おじいちゃんってすごい！
若草物語のメグは、本当にお菓子作りが上手！
なんて想像したり、勇気をもらったり。

それに、日本の絵本にお餅がたくさん登場するように、
絵本を通じて作者の暮らす国々のお菓子に興味をもち、
未知の食材、味、香りを想像して
感激することさえできるのです。

このレシピ本は、ロングセラーの名作やあの物語のシーンと一緒に、
おうちのキッチンで絵本の世界とお菓子を幾重にも楽しむためにご用意しました。

一緒に絵本のお菓子の世界に出かけてみましょう。
ボナペティ！

太田さちか

目　次

いざ、絵本

の 世 界 へ

絵本の中に登場するお菓子やパンを食べてみたいと思ったことはありませんか？
みんなが食べたい再現レシピや、絵本の世界感を表現したお菓子をご用意しました。

ちいさいおうちをイメージして作ったクッキーのおうち。
移り変わる季節ごとに、自分だけの家を作って、カップのふちに飾ってみて!

『ちいさいおうち』

文・絵：バージニア・リー・バートン
訳：石井桃子（岩波書店）

静かな田舎に、やがて道路ができ、
高いビルが建ち…時の流れとともに
移りゆく風景を詩情ゆたかな文章と
美しい絵でみごとに描きだしたバー
トンの傑作絵本。ロングセラーとして多
くの親子に愛されている。

季節のクッキーカップデコール

材料（6個分）

[クッキー]
バター（食塩不使用）… 30g
粉砂糖 ………………… 40g
薄力粉 ………………… 100g
卵黄 …………………… 1/2個分

[アイシング（作りやすい分量）]
粉砂糖 ………………… 180g
卵白 …………………… 1個分

[デコレーション]
食用色素（黄色、緑）ごく少量
チョコペン、スプリンクル
ビスケット、ラムネ、アラザンなど適宜

下準備

・バターは室温において柔らかくする。
・薄力粉はふるう。
・天板にオーブン用シートを敷く。
・コルネを1枚用意する。

作り方

1) ボウルにバターと粉砂糖を入れてすり混ぜる。

2) 薄力粉と卵黄を加えて混ぜ、まとまったら、ラップで包んで冷蔵庫で30分休ませる。

3) オーブンを180℃に温めはじめる。2をめん棒で5mm厚さにのばして、型紙に合わせて型抜きする。天板に並べて、オーブンで13分焼く。シートごと網にのせて冷ます。

4) アイシングを作る。ボウルに粉砂糖を入れ、卵白を少しずつ加えながら泡立て器でツヤが出るまで混ぜる。コルネに入れる。

5) 3の粗熱がとれたら、アイシングを使って組み立て、デコレーション用食材でちいさなおうちが眺めた四季をイメージしてデコレーションする。飾り用のアイシングに色をつけたいときは、食用色素を混ぜる。

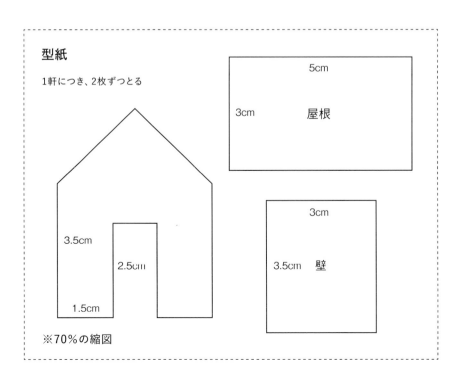

型紙

1軒につき、2枚ずつとる

屋根 5cm 3cm

壁 3cm 3.5cm

3.5cm 2.5cm 1.5cm

※70%の縮図

『うらしまたろう』

再話：時田史郎
絵：秋野不矩（福音館書店）

魚をとって暮らしていた浦島太郎は、ある日、村の子どもたちにいじめられていたカメを助けて海に逃がしてやると不思議なことが起こり…。誰もが知っている日本の昔話を、秋野不矩が描いた美しい絵本。

Recipe 02

星の琥珀糖

材料（14cm×16cmのバット1枚分）

水 ……………………………… 200ml
グラニュー糖 ………………… 300g
粉寒天 ………………………… 4g
かき氷シロップ（ブルーハワイ）… 小さじ1

下準備

・バットは水にくぐらせて濡らす。

作り方

1) 鍋にかき氷シロップ以外の材料を入れて中火にかける。ゴムベラで混ぜながら溶かし、沸騰したら弱火にして2分ほど温め、糸を引く程度のとろみがついたら火からおろす。

2) 寒天液を容器に2等分し、一方にかき氷シロップを加えてスプーンで混ぜて着色する。

3) バットに無色の寒天液を流し入れ、ブルーの寒天液をバットの端めがけて流し入れて海のようなグラデーションにする。

4) 冷蔵庫で30分冷やす。バットから手でオーブン用シートに取り出し、星型で抜く。

5) 間隔をあけて並べ、ラップはかけずに風通しのいい場所で2〜3日乾燥させる。裏返して、さらに2〜3日乾燥させる（夏場は3〜4日）。

玉手箱に、海を感じる和テイストのお菓子を詰めてプレゼント。
食べても年はとらないので、
ご心配なく。

Recipe 03

ほうじ茶と抹茶のメレンゲ

材料（各50個分）

卵白 …………………	1個分
塩 …………………	ひとつまみ
グラニュー糖 …………	50g
ほうじ茶パウダー、抹茶パウダー …………	各1.5g

下準備

・絞り袋に星口金（7切/15mm）をセットしたものを2個用意する。
・天板にオーブン用シートを敷く。

作り方

1）ボウルに卵白と塩を入れ、ハンドミキサーで泡立てる。

2）卵白が白っぽくなったら、グラニュー糖をティースプーン1杯分加えてハンドミキサーで泡立てる。泡がきめ細かくなったら残りのグラニュー糖を半量加えて泡立て、ツヤが出てきたら、残りのグラニュー糖を加えて泡立て、硬いメレンゲにする。

3）2をボウルに2等分し、茶こしでそれぞれにパウダーをふるい入れ、ゴムベラで混ぜ合わせる。オーブンを100℃に温めはじめる。

4）絞り袋に入れ、天板に直径2cmほどの大きさに絞り出す。

5）100℃のオーブンで1時間半焼く。庫内にいれたまま冷ます。オーブン用シートから外す。

Recipe 04

お味噌のクッキー

材料（25個分）

合わせ味噌 …………	15g
（赤味噌や白味噌でもOK）	
てんさい糖 …………	70g
卵 …………………	1/2個
薄力粉 ……………	100g
重曹 ………………	小さじ1/2

［アイシング］

粉砂糖 ……………	20g
水 …………………	大さじ1

下準備

・薄力粉はふるう。
・天板にオーブン用シートを敷く。
・コルネを1枚用意する。

作り方

1）ボウルに味噌、てんさい糖、溶きほぐした卵を入れ、泡立て器で混ぜる。

2）薄力粉と重曹を加えてゴムベラで混ぜ、生地がまとまったらラップで包んで冷蔵庫で30分休ませる。

3）オーブンを190℃に温めはじめる。生地を直径1.5cmほどの大きさに丸め、間隔をあけて天板に並べる。オーブンで13分焼く。シートごと網にのせて冷ます。

4）アイシングを作る。ボウルに粉砂糖を入れ、水を少しずつ加えてスプーンで混ぜる。コルネに入れ、3のクッキーに渦模様を描く。

『人魚ひめ』

恋しい王子のもとへ行くために、美しい声とひきかえに
人間になった人魚ひめ。ちょっと切ない物語だけれど、
美しい人魚は女の子の憧れの的。
貝殻の形のマドレーヌと珊瑚のメレンゲで、
人魚ひめが暮らす美しい海を想像して…。

➡ Recipe P12、P13

『人魚ひめ』

文：末吉暁子　絵：三谷博美（小学館）

アンデルセンが描いた物語。海の底で暮らす人魚ひめが恋をした相手は、人間の王子様。どうしても王子様に会いたい人魚ひめは魔女に頼んで、その美しい声と引きかえに人間になったが…。ひたむきな恋を詩情豊かに描く。

まじょは、きらきら光るのみぐすりを、くれました。
「これをのめば、人間になれるよ。だが、もしも王子がほかの女の人と、けっこんしたら、おまえは、つぎの朝、海のあわになって、しまうんだよ」
「それでも、かまわないわ」人魚ひめは、言いました。

「それなら、けっこう。ただし、こっちも、おれいをして、もらうよ。おまえの、その、きれいな声、もらおうじゃないか」
「いいわ！」
話すことも、歌うこともできない、人魚ひめは、のみぐすりだけを、だきしめて、きしべに、およいでいきました。

Recipe 05

貝殻のマドレーヌ

材料（大・小のマドレーヌ型各30個分）

薄力粉 ……………………	200g
グラニュー糖 ……………	200g
卵 …………………………	4個
バター（食塩不使用）……	200g
フランボワーズ …………	8個

下準備

・薄力粉はふるう。
・フランボワーズは縦4等分する。
・バターは耐熱容器に入れてラップをし、電子レンジ（600W）で20秒を数回に分けて加熱して溶かす。
・型がテフロン加工でない場合はバター（分量外）を塗って薄力粉をはたく。
・絞り袋を用意する。

作り方

1）ボウルに薄力粉、グラニュー糖、溶きほぐした卵を入れて泡立て器でなめらかになるまで混ぜる。

2）溶かしバターを加えてゴムベラで混ぜる。ラップをして冷蔵庫で30分休ませる。

3）オーブンを170℃に温めはじめる。2を絞り袋に入れ、型の8分目まで絞り出す。マドレーヌ（小）の生地は上にフランボワーズをのせる。

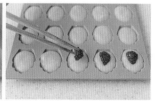

4）170℃のオーブンで25分焼く。型から外して網にのせて冷ます。

Recipe 06

メレンゲの珊瑚

材料（各3本分）

卵白 …………………… 1個分
塩 ……………………… ひとつまみ
グラニュー糖 …………… 50g
フランボワーズパウダー、
紫芋パウダー、抹茶パウダー
……………… 各1.5g
プレッツェル ………… 9本

下準備

・絞り袋に星口金（7切/15mm）をセットしたものを3個用意する。
・天板にオーブン用シートを敷く。

作り方

1) メレンゲを作る（作り方はP.10 Recipe03の1と2を参照）。

2) 別のボウルに3等分し、それぞれにパウダーを茶こしでふるい入れ、ゴムベラで混ぜ合わせて絞り袋に入れる。オーブンを100℃に温めはじめる。

3) プレッツェルを絞り口に差し込み、少しずつ引き出しながら、メレンゲを絞り出す（絞り方は下記参照）。

4) 間隔をあけて天板に並べて100℃のオーブンで1時間半焼く。庫内にいれたまま冷ます。

メレンゲのいろんな絞り方

プレッツェルを引き出しながら、メレンゲをまっすぐ絞り出す

プレッツェルをくるくる回転させながら引き出し、メレンゲを絞り出す

プレッツェルを引き出しながら、メレンゲをワンプッシュずつ絞り出す

ラプンツェルの髪のように長い三つ編みパン。
"女性の編んだ髪"を意味する「編みパン」の歴史は古く、
ドイツでは日曜日の朝に食べるのが伝統なのだそう。
クランベリーとミルクティーを練り込んだ風味豊かなパンはおやつにぴったり！

『ラプンツェル』

原作：グリム　文・絵：バーナデット・ワッツ
訳：福本友美子（BL出版）

アニメ映画で女の子に大人気の長い髪のラプンツェルも、元はグリム作品。バーナデット・ワッツのやさしいタッチと色合いで、小さな子にもあまり怖くなく読める雰囲気に仕上がっている。グリム童話の入門に。

Recipe 07

長い三つ編みパン

材料（1本分）

はちみつ ……………………… 70g
ミルクティー（市販）…… 100ml
塩 ………………………… ひとつまみ
卵 ……………………………… 1個
薄力粉 ………………………… 120g
強力粉 ………………………… 150g
ドライイースト ………… 4g
バター（食塩不使用）… 15g
クランベリー（ドライ）… 20g
エディブルフラワー …… 適宜

[アイシング]
粉砂糖 ………………………… 20g
水 ……………………………… 大さじ1

下準備

・ミルクティーは耐熱容器に入れ、電子レンジ（600W）で20秒加熱する。
・薄力粉と強力粉は合わせてボウルにふるう。
・バターは室温において柔らかくする。
・天板にオーブン用シートを敷く。

作り方

1) ボウルにはちみつ、ミルクティー、塩、卵を入れて泡立て器で混ぜる。

2) ふるった粉類とドライイーストを加えて泡立て器で混ぜ、粉気がなくなったらクランベリーとバターをちぎって入れてひとまとめにする。

3) 生地を台に取り出し、手の付け根を使って圧力をかけながら、台にこすりつけるようにして、なめらかになるまで約50回こねたら丸く整えてボウルに入れる。

4) 60℃の湯煎にかけ、ラップをかぶせて2時間おいて発酵させる（一次発酵）。

5) 生地を手のこぶしで押してガスを抜き、3等分する（1本約170g）。

6) 生地の両端を少しずつ引っ張って棒状にのばし、長さ40cmにする（一度にのばそうとするとちぎれてしまうので注意）。天板の上で三つ編みをし、先はまとめて内側に折り込む。

7) ラップをかぶせて室温に約30分おいて発酵させる（二次発酵）。190℃に予熱したオーブンで15分焼く。シートごと網にのせて冷ます。

8) アイシングを作る。ボウルに粉砂糖を入れ、水を少しずつ加えてスプーンで混ぜる。刷毛でパンに塗る。仕上げにエディブルフラワーを添える。

『ぐりとぐら』

作：なかがわりえこ
絵：おおむらゆりこ（福音館書店）

お料理することと食べることが何より好きな野ねずみのぐりとぐら。森で大きな卵を見つけ、目玉焼きにしようか卵焼きにしようか考えた末、カステラを作ることに。カステラの匂いにつられて森の動物たちも集まってきて…。

お料理すること食べることがいちばん好きなぐりとぐら。
大きな卵で作った、フライパンで焼くカステラは、
今もずっとみんなの憧れ。

フライパンで焼くふわふわカステラ

材料（直径15cmのスキレット1台分）

サラダ油 ……………… 20ml
薄力粉 ………………… 30g
牛乳 …………………… 20ml
卵黄 …………………… 2個分
卵白 …………………… 2個分
グラニュー糖 ………… 30g

下準備

・サラダ油をボウルに入れて湯煎に
　かけ40℃程度にする。
・スキレットにバター（分量外）を塗る。
・薄力粉はふるう。
・オーブンは180℃に予熱する。

作り方

1) ボウルにサラダ油を入れ、薄力粉を加えて泡立て器で混ぜる。牛乳を2回に
　分けて加えてそのつど混ぜ、卵黄を加えてしっかりと混ぜる。

2) メレンゲを作る。別のボウルに卵白を入れ、ハンドミキサーで泡立てる。卵
　白が白っぽくなったら、グラニュー糖をティースプーン1杯分加えて泡立て
　る。泡がきめ細かくなったら残りのグラニュー糖を半量加えて泡立て、ツヤ
　が出てきたら、残りのグラニュー糖を加えて泡立て、硬いメレンゲにする。

3) 2のメレンゲをゴムベラでひとすくいして1に入
　れ、なめらかになるまで混ぜる。2に戻し入れ、
　ゴムベラでメレンゲが見えなくなるまで混ぜる。

4) スキレットに流し入れ、180℃のオーブンで10
　分、170℃に下げて15分焼く。

トラ模様のホット・ケーキが完成!
どれだけ重ねて食べられるかな?
バターとメープルシロップでめしあがれ。

『ちびくろ・さんぼ』

作：ヘレン・バンナーマン
絵：フランク・ドビアス
訳：光吉夏弥（瑞雲舎）

さんぽが新品の服を着て森を歩いてい
るとトラが次々あらわれて!? このトラの
バターを夢見た大人も多いはず。1953
年に岩波書店から発売され、1988年に
一度絶版。日本中のこどもたちに親し
まれていた絵本として復刊した。

Recipe 09

バター ホット・ケーキ

材料（8枚分）

薄力粉 ……………………	100g
重曹 ……………………	ひとつまみ
グラニュー糖 …………	20g
塩 ……………………	ひとつまみ
卵 ……………………	1個
ヨーグルト ………………	60g
牛乳 ……………………	110ml
バター（食塩不使用）	
……………	10g
チョコレートソース（市販）	
……………	5g
メープルシロップ、バター（仕上げ用）	
……………	適宜

下準備

・薄力粉と重曹は合わせてボウルにふるう。

・バターは耐熱容器に入れてラップをし、電子レンジ（600W）で20秒
　を数回に分けて加熱して溶かす。

作り方

1) ふるった粉類を入れたボウルに、グラニュー糖、塩を合わせる。

2) 別のボウルに卵、ヨーグルト、牛乳を入れて泡立て器で混ぜる。

3) 1に2を加えて混ぜ、溶かしバターを加える。1/5量を別のボウルに
　取り分け、チョコレートソースを加えて混ぜる。

4) 弱火に熱したフライパンに3の
　プレーン生地を流す。トラ模様
　を描く場合は、写真のように、
　チョコレートソース入り生地で
　模様を描き、表面がポツポツし
　てきたら裏返して焼く。

『白雪姫』

文：ジョセフィーン・プール　（BL出版）
絵：アンジェラ・バレット　訳：島式子

7人の小人と恐ろしいママ母の「鏡よ、鏡。世界で一番美しいのは誰？」のセリフで有名なグリム童話の「白雪姫」が、アンジェラ・バレットの深く美しい色合いの絵で描かれている。結末は他とは少し異なる、独自の美しさ。

女王が白雪姫に食べさせた毒りんご。
毒の代わりにレーズンバターをたっぷり入れて、
7人の小人も喜ぶ焼きりんごに。

Recipe 10

焼きりんご

材料（りんご4個分）

りんご …………………… 4個
＊紅玉がおすすめ
バター（食塩不使用）…… 20g
レーズン ………………… 20g
てんさい糖 ……………… 20g
シナモンスティック …… 4本

下準備

・オーブンを200℃に予熱する。
・バターは室温に置いて柔らかく
　する。

作り方

1) りんごは破裂を防ぐために皮を竹串でまんべんなく刺す。芯をくり抜く。

2) ボウルにバター、レーズン、てんさい糖を入れ、泡立て器で混ぜる。

3) 芯をくり抜いたところに2をスプーンで詰めてシナモンスティックを刺す。

4) 耐熱皿に並べて200℃のオーブンで20分焼く。

Recipe 11

魔女のほうきポッキー

材料（5個分）

プレッツェル …………… 30本
チョコレート(ミルク) …… 20g
棒状ビスケット ………… 5本
＊本書は市販のごまビスケットを使用。

作り方

1) プレッツェルは6cmの長さに切りそろえる。

2) チョコレートを60℃の湯煎にかけて溶かす。

3) ビスケットの先にチョコレートをつけ、周りにプレッツェルをつける。

4) バットに並べて冷蔵庫で15分冷やす。魔女のほうきに見立て麻ひもをかける。

小さな魚の型でスイミーが活躍するシーンを表現。
海藻みたいな板グミにも注目！

『スイミー』

作：レオ＝レオニ
訳：谷川俊太郎（好学社）

小さな黒い魚スイミーは、兄弟みんなが大きな魚にのまれ、ひとりぼっちに。海を旅して出会った仲間と大きな魚に立ち向かうストーリー。アイデア次第で強い相手と渡り合うことができる、という知恵の詰まった絵本。

Recipe 12

ちいさなおさかなグミ

材料（6cm×8cmのバット2枚分）

［赤いスイミー］
ぶどうジュース ………… 100ml
板ゼラチン …………… 10g

［黒いスイミー］
コーヒー（加糖） ……… 100ml
板ゼラチン …………… 10g

下準備（グミとアイス共通）

・板ゼラチンは、分量外の水でそれぞれふやかす。
・バットは水にくぐらせて濡らす。

作り方

1) 2つの鍋にジュースとコーヒーをそれぞれ入れて中火にかけ、沸騰直前で火からおろす。

2) 1にゼラチンの水を切って加えて溶かし、バットに流し入れ、冷蔵庫で30分冷やし固める。

3) 固まったら、小さな魚の型で抜く。

Recipe 13

ドロップみたいなうみのアイス

材料（アイスポップ型4本分）

生クリーム ………………… 120ml
グラニュー糖 ……………… 10g
ブルーベリージャム（市販）… 120g
チョコレート（ホワイト） …… 200g
板ゼラチン ………………… 10g
食用色素（好みで2色）……… ごく少量
アラザン（飾り用）………… 適宜

作り方

1) 板グミを作る。ふやかしておいたゼラチンの水を切って耐熱容器に入れ、電子レンジ（600w）で10秒加熱する。少量の食用色素で色をつけ、バットなどに薄く広げて3時間乾燥させ、裏返して1日乾燥させる。穴あけパンチで好きな形にくり抜く。

2) アイスを作る。生クリームにグラニュー糖を加えて泡立てる。型にブルーベリージャムと交互になるように入れ、アイス棒を刺して冷凍庫で2時間冷やし固める。

3) チョコレートを60℃の湯煎にかけて溶かし、2のアイスをくぐらせてコーティングし、1とアラザンで飾る。

板グミを穴あけパンチでくり抜いて、アイスに貼り付けたらドロップみたい！？

ハサミで好きな形にカットしたり、乾燥する前にねじれば海藻のよう！

『雪の女王』

原作：ハンス・クリスチャン・アンデルセン
絵：ヤナ・セドワ　再話：アンシア・ベル
訳：成沢栄里子（BL出版）

悪魔の鏡の破片が目と心臓に入ったために、優しいさを失い、物事が歪んで見えるようになった少年カイ。ある日、カイは雪の女王によって連れられてしまう。仲良しの少女ゲルダは、カイを救おうと…。

Recipe 14

クーロンキュー

材料（球型35個分）

グラニュー糖 ……………… 40g
水 …………………………… 400ml
アガー …………………… 15g
いちご、みかん、キウイ … 各50g

［シャーベット］
グラニュー糖 …………… 25g
水 ……………………… 350ml
かき氷シロップ
（ブルーハワイ）……… 25ml

下準備

・フルーツは皮をむき、2cmほどの一口大に切る。
・型は水にくぐらせて濡らす。

球型は100円ショップでも手に入ります

作り方

1）シャーベットを作る。鍋にシャーベットの材料をすべて入れて中火にかけ、ゴムベラで混ぜて溶かす。

2）バットに1を流し入れ、冷凍庫で1時間凍らせる。取り出してフォークでかき混ぜたら、再び冷凍庫で冷やし固める。

3）鍋にグラニュー糖と水を入れ、中火にかける。アガーを少しずつ加えながら、泡が立たないように泡立て器でやさしく混ぜて溶かす。

4）3の半量を型に流し入れ、フルーツを入れる。残りの液をすべて加えて蓋をする。このとき、余分な液は型の小さな穴から出てくる。冷蔵庫で40分冷やす。

5）2のシャーベットを器に盛り、4のクーロンキューをのせる。

冷たいブルーのシャーベットと
クーロンキューで雪の女王の
ひんやりとして幻想的な世界を感じて。

『あめのもりのおくりもの』

七色の虹をイメージした不思議なゼリー。
どうやって作るかも、また楽しみの一つ。

作：ふくざわゆみこ
（福音館書店）

おおきなクマさんとちいさな
ヤマネくんの人気シリーズ。梅
雨明け間近の夏の雷が鳴り響
く大雨の日。雷が怖いクマさん
と、なないろ谷のあじさいを見
たいヤマネくん。ヤマネくんの
大ピンチにクマさんは…。

Recipe 15

レインボーゼリー

材料（直径15cmのクグロフ型1台分）

水 ……………………………… 400ml
グラニュー糖 ………………………… 10g
板ゼラチン ………………………… 10g
かき氷シロップ（ブルーハワイ）… 15ml
かき氷シロップ（レモン） ………… 20ml
かき氷シロップ（いちご） ………… 15ml

下準備

・かき氷シロップのブルーハワイとレモ
　ンを5mlずつ混ぜて緑色、レモンとい
　ちごを5mlずつ混ぜてオレンジ色を作
　る。残りのシロップ（ブルーハワイ、レモ
　ン、いちご）もそれぞれ容器に入れる。
・板ゼラチンはたっぷりの冷水に入れて
　ふやかす。
・型は水にくぐらせて濡らす。

作り方

1) 鍋に水とグラニュー糖を入れて中火にかけ、沸騰直前で火から
　おろす。水を切ったゼラチンを加え、ゴムベラで混ぜて溶かす。

2) シロップ（ブルーハワイ）の容器に1を80ml入れてスプーンで
　混ぜる。型に流し入れ、角度をつけて冷蔵庫で冷やし固める。

3) 2が固まったら、別のシロップの容器に1を80ml入れてス
　プーンで混ぜ、型に流す。約70℃回転させて角度をつけ、冷
　蔵庫で冷やし固める。この作業を全色繰り返す。

4) 型を30℃程度のぬるま湯に1分ほどつけ、型から抜きやすくす
　る。型に皿をかぶせてひっくり返し、七色のゼリーを取り出す。

ココナッツスムージー

材料（2人分）

氷	……………………	200g
ココナッツミルク	…………	100ml
炭酸水	…………	100ml
パイナップル	…………	1個

下準備

・パイナップルの上部を切り落とし、中をくり
　抜く。芯を取り除き、実を一口大に切る。

作り方

1) ミキサーに氷、ココナッツミルク、炭酸水、
　 パイナップルを入れて撹拌する。

2) パイナップルの器に1を注ぎ入れる。

このスムージーを飲めば、
南の島のリゾート気分に。
旅行に出かけたくなる。

『ぼくの島にようこそ！』

作：市川里美（BL出版）

南太平洋に浮かぶ小さな島に住んでいるマイマイ。あ
る日、旅行にやってきた親子がタブレットで魚を見て
いるのを見かけて、マイマイは本物の魚を見せてあげ
ようと案内する。美しい南国の自然に癒やされる。

『まよなかのだいどころ』

作：モーリス・センダック
訳：じんぐうてるお（冨山房）

真夜中に目を覚ましたミッキーが
台所へおりていくと、パン職人が
働いている。そしてミッキーは不思
議な世界へ。ニューヨークの風景
と台所を重ね合わせたストーリー
も絵もユーモラスな絵本。

Recipe 17

ミルクプリンと光るブルーゼリー

材料（2人分）

［ブルーゼリー］
トニックウォーター ‥‥‥ 190ml
モナンシロップ（ブルーキュラソー）
‥‥‥‥‥‥ 10ml
グラニュー糖 ‥‥‥‥‥ 20g
板ゼラチン ‥‥‥‥‥‥ 5g

［ミルクプリン］
牛乳 ‥‥‥‥‥‥‥‥‥ 200ml
グラニュー糖 ‥‥‥‥‥ 20g
板ゼラチン ‥‥‥‥‥‥ 5g

下準備

・板ゼラチンはそれぞれたっぷり
　の冷水に入れてふやかす。

作り方

1) ブルーゼリーを作る。鍋にトニックウォーター、モナンシロッ
プ、グラニュー糖を入れて中火にかけ、沸騰直前で火からおろ
す。水を切ったゼラチンを加え、ゴムベラで混ぜて溶かす。グラ
スに注ぎ、冷蔵庫で40分ほど冷やし固める。

2) ミルクプリンを作る。鍋に牛乳とグラニュー糖を入れて中火に
かけ、沸騰直前で火からおろす。水を切ったゼラチンを加え、ゴム
ベラで混ぜて溶かす。

3) 2が冷めたら、1に注いで冷
蔵庫で冷やし固める。

----

memo

暗い場所でゼリーにブラックライト
を当てると、ブルーゼリーの部分が
蛍光色のように光るから不思議！

真夜中に目を覚ましたミッキーが入り込んだ
「まよなかのだいどころ」。
ブラックライトで光るゼリーを
ニューヨークのネオン街に重ね、不思議な世界に。
夜になったらこっそり、ミッキーのような
不思議な体験を味わって。

何でも自分でできちゃうピッピのように、
シナモンのきいた星のクッキーを
たくさん焼いてリースを作ろう！

『こんにちは、
　長くつ下のピッピ』

作：アストリッド・リンドグレーン
絵：イングリッド・ニイマン
訳：いしいとしこ（徳間書店）

世界一強い女の子ピッピは一人暮ら
し。料理も掃除も何でも1人でやって
のける。ちょっとハチャメチャで、勇
敢で、ステキなものを発見する見つけ
屋さん。ピッピを読んだら少しくらい
の失敗は気にならなくなるかも。

Recipe 18

シナモンクッキーのリース

材料
（直径 15cm のリース、くつ下 5 個分）

［生地］

薄力粉 ‥‥‥‥‥‥‥‥‥‥‥‥	100g
強力粉 ‥‥‥‥‥‥‥‥‥‥‥‥	50g
シナモンパウダー ‥‥‥‥‥	5g
はちみつ ‥‥‥‥‥‥‥‥‥‥	100g
グラニュー糖 ‥‥‥‥‥‥	40g
ショートニング ‥‥‥‥‥	20g

［アイシング］

粉砂糖 ‥‥‥‥‥‥‥‥‥‥‥	180g
卵白 ‥‥‥‥‥‥‥‥‥‥‥‥	1個分
粉砂糖 ‥‥‥‥‥‥‥‥‥‥‥	20g

下準備

・薄力粉、強力粉、シナモンパウダー
　は合わせてボウルにふるう。
・天板にオーブン用シートを敷く。
・絞り袋を1枚用意する。

作り方

1) 鍋にはちみつ、グラニュー糖、ショートニングを入れて中火にか
　け、煮溶かしたら火からおろす。

2) ふるった粉類に1を入れてゴムベラで混ぜる。生地がまとまった
　らラップで包んで冷蔵庫で1時間休ませる。

3) オーブンを170℃に温めはじめる。生地をめん棒で3mm厚さに
　のばす。直径15cmの丸型で抜き、円の中央を直径12cmの丸
　型で抜いてリング型にする。残りの生地は大小の星型で抜く。

4) 天板に並べ、170℃のオーブンで18分焼く。シートごと網にの
　せて冷ます。

5) アイシングを作る。ボウルに粉砂糖を入れ、卵白を少しずつ加え
　て泡立て器でツヤが出るまで混ぜる。絞り袋に入れ、クッキーに
　模様を描く。

6) クッキーにアイシングを少しつけてリースにくっつける。

Recipe 19

長くつ下のクッキー

作り方

1) リースの作り方2まで同様。生地をめん棒で3mm
　厚さにのばす。くつ下の形にナイフで切り抜き、縦線
　の模様を入れる。ストローでリボンを通すための穴
　をくり抜く。

2) リースの作り方4と同様にオーブンで焼く。冷めた
　ら粉砂糖を茶こしでふるい、余分な粉砂糖を手では
　らって落とす。

リボンを通せば
ステキなオーナメントに！

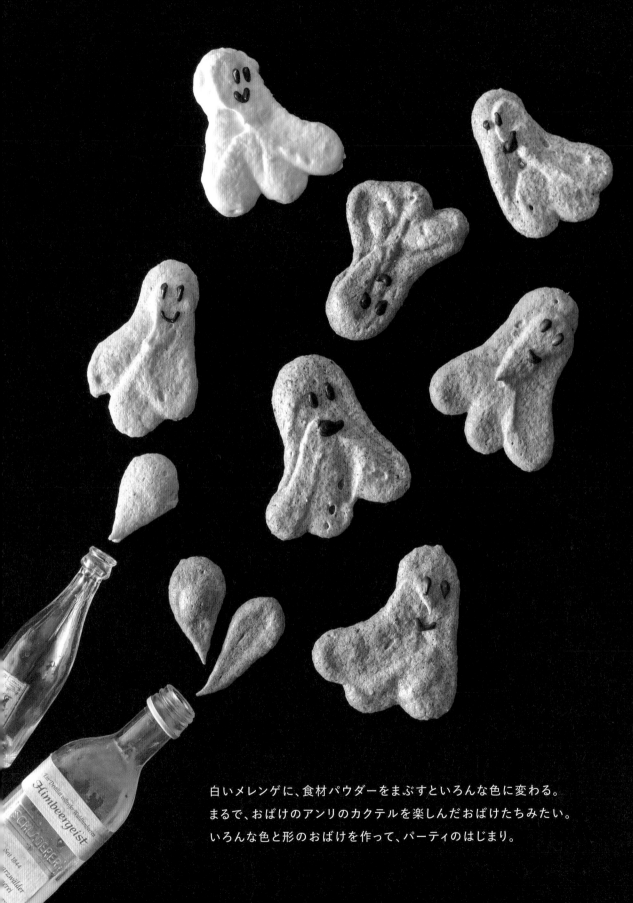

白いメレンゲに、食材パウダーをまぶすといろんな色に変わる。
まるで、おばけのアンリのカクテルを楽しんだおばけたちみたい。
いろんな色と形のおばけを作って、パーティのはじまり。

Recipe 20

いろんな色のメレンゲおばけ

材料（おばけメレンゲ25個分）

卵白	2個分
グラニュー糖	100g
塩	ひとつまみ
パンプキンパウダー	3g
フランボワーズパウダー	3g
紫芋パウダー	3g
抹茶	13g
チョコペン	1本

※ 紫芋パウダーは紫色ですが、卵白などのアルカリ性のものに加えると青色〜灰色に変わります。レモンをかけたらまた違う変色が見られるかも？試してみて。

下準備

天板にオーブン用シートを敷く。
チョコペンをぬるま湯につけて柔らかくする。
絞り袋に丸口金（13mm）をセットしたものを5袋用意する。

作り方

1) メレンゲを作る（作り方はP.10 Recipe03の1と2を参照）。

2) メレンゲを5等分にして、それぞれにパンプキンパウダー、フランボワーズパウダー、紫芋パウダー、抹茶を加えてゴムベラで混ぜ合わせ、5色作る。オーブンを100℃に温めはじめる。

3) 丸口金をセットした絞り袋にそれぞれ入れ、天板におばけの形になるように絞り出す。

4) オーブンで1時間半焼く。

5) 粗熱がとれたら、チョコペンでおばけの顔を描く。

「きみのカクテル、大せいこうだよ、アンリ」　　　「つぎは どんな ごちそうが でるの？」

『おばけパーティ』

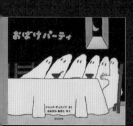

作：ジャック・デュケノワ
訳：おおさわ あきら（ほるぷ出版）

おばけのアンリが友達みんなをおもてなし。どんなごちそうがでるのかな？ おばけって、料理を食べたらどうなるの？ カクテルを楽しんだおばけに変化が…。さぁ、みんなでおばけのパーティをのぞいてみよう！

お花、雨、虹、星……。
いろいろな模様に変化していくワンピース。
「ラララン、ロロロン」と口ずさみながら、
塗り絵みたいに描きたいクッキーデコレーション。
どんな模様が似合うかしら?

『わたしのワンピース』

絵と文：にしまきかやこ（こぐま社）

うさぎが自分で作ったワンピースを着てお花畑を散歩すると、ワンピースが
花模様に…。雨、虹と周囲に合わせて次々と変わるワンピースの模様。こん
なステキなワンピースがあったらな、と小さな女の子がときめく絵本。

いろんなワンピースのアイシングクッキー

材料（5cmの正三角形 30枚分）

バター（食塩不使用）… 60g
粉砂糖 ………………… 80g
薄力粉 ………………… 200g
卵黄 …………………… 1個分

［アイシング］
粉砂糖 ………………… 180g
卵白 …………………… 1個分
食用色素（赤、青、緑）… ごく少量
スプリンクル（星）シュガースプリンクル
………… 各適宜

下準備

・バターは室温において柔らかくする。
・薄力粉はふるう。
・天板にオーブン用シートを敷く。
・コルネを6枚用意する。

作り方

1) ボウルにバターと粉砂糖を入れ、泡立て器ですり混ぜる。薄力粉と卵黄を加えて混ぜ、生地がまとまったらラップで包み、冷蔵庫で30分休ませる。

2) オーブンを180℃に温めはじめる。生地をめん棒で5mm厚にのばし、ナイフで一辺5cmの三角に切り抜き、オーブンで13分焼く。シートごと網にのせて粗熱をとる。

3) アイシングを作る。ボウルに粉砂糖を入れ、卵白を少しずつ加えながら泡立て器でツヤが出るまで混ぜる。

4) 3を6等分し、1つは粉砂糖小さじ1/2（分量外）を加えてスプーンで混ぜ、ツノがおじぎする程度の硬さにしてコルネに入れる（アイシングA）。もう1つはそのままコルネに入れる（アシイングB）。

アイシングA　　アイシングB

5) 残りのアイシングそれぞれに食用色素をつま楊枝で加え、赤い色素で濃いピンクと薄いピンク、青い色素で水色、緑の色素で黄緑を作る。

6) 硬めのアイシングAでクッキーを縁取り、柔らかめのアイシングBで中を埋める。

お花模様

土台のアイシングが乾かないうちに、濃いピンクの隣に薄いピンクを絞り出し、つま楊枝で渦を描いて花模様にする。黄緑を花の右下に絞り出す。

雨模様

土台のアイシングが乾かないうちに、水色を水玉模様になるように絞り出し、つま楊枝で下から上になぞって筋をつける。

星模様

土台のアイシングが乾かないうちに、星形のスプリンクルをまぶす。

レインボー

土台のアイシングが乾いたら、少量の水をつけた筆でラインを引き、その上にシュガースプリンクルをまぶす。他の色も同様にしてレインボーカラーにする。

メキシコのクリスマスは、
みんなでピニャータを割るのが定番。
ピニャータに見立てたケーキは、
ナイフを入れれば、お菓子が飛び出す！

『セシのポサダの日
クリスマスまであと九日』

作：エッツ＆ラバスティダ
訳：たなべいすず（冨山房）

もうすぐクリスマス。メキシコの小さな
女の子セシは、ポサダという特別なお
祝いをしてもらえるのが愉しみでたまら
ない。お母さんと市場に行き、選んだの
は星形のピニャータ。ところが当日…。
コルデコット賞に輝く絵本。

ピニャータケーキ

材料
（直径 17cm のシフォン型 1 台分）

卵黄 ……………………… 3個分
グラニュー糖 ………… 25g
サラダ油 ………………… 30ml
牛乳 ……………………… 45ml
薄力粉 …………………… 70g

[メレンゲ]
卵白 ……………………… 4個分
グラニュー糖 ………… 45g

[仕上げ用]
生クリーム（乳脂肪35%）… 100ml
グラニュー糖 ………… 10g
好きなお菓子、スプリンクル
　　　　　　 ……… 各適量

下準備
・薄力粉はふるう。
・オーブンは180℃に予熱する。

作り方

1) ボウルに卵黄とグラニュー糖を入れて白っぽくなるまで泡立て器で混ぜる。サラダ油を少しずつ加えながら混ぜ、牛乳を加えてなめらかになるまで混ぜる。

2) 薄力粉を加えて粉気がなくなるまでよく混ぜる。

3) メレンゲを作る(作り方はP17の2を参照)。

4) 2に3のメレンゲを3回に分けて加え、ゴムベラで底からすくうようにしながらメレンゲの塊がなくなるまで混ぜ合わせる。

5) 型に流し入れ、菜箸を型の側面に沿わせながら生地をなじませる。180℃のオーブンで30分焼く。

6) オーブンから取り出したらすぐに型を逆さにして耐熱性の器にのせて冷ます。

7) スポンジを手で底まで押して型から外す。

8) 仕上げ用クリームを作る。ボウルに生クリームとグラニュー糖を入れ、布巾で包んだ保冷剤の上におき、ハンドミキサーで8分立てにする（P.111参照）。

9) ケーキの空洞に子どもが喜んでくれそうなお菓子をいろいろ詰める。パレットナイフでスポンジの上部とまわりにクリームを塗る。スプリンクルを散らす。

星のピニャータの作り方

用意するもの

紙ちょうちん ……………… 1個
薄用紙 ………………… 10枚（66×50cm）
厚紙
　直径10cmの半円 ……… 5枚
　＊写真のようにのりしろを4箇所入れてカットする
　2×15cmの長方形 ……… 1枚
リボン ………………… 適量

のりしろ

1

半円の厚紙は円錐にしてホチキスで止める。20cm程度にカットしたリボン3本をセロハンテープで先に固定する。計5個作る。

→

2

薄用紙は10×50cmにカットして二つ折りにする。輪の方に両面テープを貼り、すそ部分は切り込みを入れてフリンジにする。これを円錐と紙ちょうちん用に適宜作る。両面テープのシールをはがして円錐に下から順に貼る。

3

紙ちょうちんを広げ、円錐4個をセロハンテープで固定する。

4

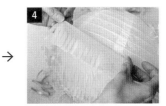

紙ちょうちんにフリンジを貼る。

5

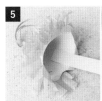

残りの円錐の内側に長方形の厚紙をセロハンテープで貼る。紙ちょうちんの中の金具に通してセロハンテープで軽く固定する。紙ちょうちんにお菓子を入れたら完成。

クリスマス・イブの真夜中にやってきた、陽気な小人のおじいさん。

サンタクロースの様子を楽しく描いたお話とともに、

シュトレンでアドベントを楽しんで。

表面にまぶした粉砂糖がバターとなじんで黄味がかったら食べごろ。

『クリスマスのまえのばん』

絵：ターシャ・デューダー（偕成社）
詩：クレメント・ムア　訳：中村妙子

クリスマスのまえのばん、子どもたち
が寝静まった家に、ソリに乗って空
からやってきた陽気な小人のおじい
さん。まず出迎えるのはその家のイヌ
とネコ。もてなし用のドーナツや飾り
付けのキャンディなどがおいしそう。

Recipe 23

シュトレン

材料（1本分）

[中種生地]

強力粉 ……………………… 50g

ドライイースト …………… 3g

牛乳 ………………………… 40ml

紅茶（ティーバッグ・アールグレイ）
………………… 1包

[本こね生地]

バター（食塩不使用）… 50g

グラニュー糖 …………… 20g

塩 …………………………… 2g

卵 …………………………… 1/2個分

アーモンド粉 …………… 30g

強力粉 …………………… 100g

A ┌ ミンスミート ………… 200g
　│　　（作り方はP.117参照）
　└ くるみ ……………… 20g

[仕上げ用]

バター（食塩不使用）… 20g

グラニュー糖 …………… 50g

粉砂糖 …………………… 50g

下準備

・本こね生地用のバターは室温におい
　て柔らかくする。

・牛乳は耐熱容器に入れてラップをし、
　電子レンジ（600W）で20秒加熱し、
　ティーバッグを入れて紅茶を煮出す。

作り方

1) 中種生地を作る。ボウルに中種の材料をすべて
入れて手で混ぜ、まとまるまでこねる。ボウルに
ラップをかぶせ、60℃の湯煎にかけて30分お
いて発酵させる。

2) 本こね生地を作る。ボウルにバターを入れ、泡
立て器で白っぽくなるまで混ぜる。グラニュー
糖と塩を加えてすり混ぜ、溶き卵を少しずつ加
えて混ぜる。アーモンド粉と強力粉を加えてゴ
ムベラで混ぜ、粉っぽさがなくなったら1の中
種生地をちぎって入れ、混ぜ合わせる。

3) 生地を台の上に取り出し、手の付け根を使って圧力をかけながら、こすり
つけるようにして、なめらかになるまで約50回こねる。

4) ボウルに3とAを入れて練り込む。丸く整えて
ラップをかぶせ、60℃の湯煎にかけて30分おい
て発酵させる。

5) 打ち粉をふったオーブン用シートに4を取り出し、めん棒で12×17cmほどの
楕円にのばす。両端を少しずらして半分に折りたたむ。

6) 天板にのせて30分おいて発酵させる。180℃に予熱したオーブンで40分
焼く。

7) 焼いている間に仕上げ用バターを耐熱容器に
入れてラップをし、電子レンジ（600W）で20秒
加熱して溶かす。6が焼き上がったらオーブン
から取り出し、熱いうちに刷毛でバターを全体
に塗り、グラニュー糖をまぶす。

8) 冷めたら茶こしで粉砂糖を全体にまぶしつけ
る。ラップでぴったり包み、1週間ほど室温にお
く。

---

memo

白いおくるみに包まれた幼子イエスのように、
生地をたっぷりの粉砂糖でおおったドイツ発祥
の「シュトレン（Stollen）」。クリスマスイブま
で少しずつ食べる場合は、切口が乾燥しない
ように真ん中をスライスし、残りは切り口の断
面を合わせてラップで包んで保存します。日も
ちの目安は冷暗所で約1ヶ月。

...

Recipe 24

サンタにあげるドーナツ

材料（6個分）

牛乳	……………………	120ml
ドライイースト	……………	6g
ショートニング	……………	15g
卵	……………………	1個
グラニュー糖	……………	30g
塩	……………………	ひとつまみ
薄力粉	…………………	360g
サラダ油	…………………	適量

[チョコレートグレース]

湯	……………………	10ml
チョコレート（スイート）	…	60g
粉砂糖	…………………	50g
バター（食塩不使用）	……	20g

[ホワイトチョコレートグレース]

湯	……………………	10ml
チョコレート（ホワイト）	…	60g
粉砂糖	…………………	50g
バター（食塩不使用）	……	20g

[トッピング]

フランボワーズ（ドライフレーク）
ココナッツ（ドライフレーク）
スプリンクル、ピスタチオ… 各適量

下準備

・牛乳は耐熱容器に入れてラップをし、
　電子レンジ（600W）で40秒加熱する。
・薄力粉はふるう。
・ピスタチオは縦半分に切る。

作り方

1) ドーナツ生地を作る。ボウルにドライイースト、ショートニング、卵、グラニュー糖、塩を入れる。このときイーストと塩は離して入れる。牛乳を少しずつ加えながら泡立て器で混ぜる。

2) 薄力粉を半量加えて泡立て器でさっくり混ぜ、残りを加えて全体を混ぜ、生地がまとまるまでこねる。

3) 2をボウルに入れてラップをかぶせ、60℃の湯煎にかけて30分おいて発酵させる（一次発酵）。

4) 生地をめん棒で2cm厚さになるようにのばす。グラスの縁などで丸くくり抜き、円の中央を丸型で抜いてドーナツ型にする。オーブン用シートに並べてラップをかぶせ、室内に30分おいて発酵させる（二次発酵）。

5) 鍋に油を注いで180℃に熱し、ドーナツをシートごと揚げる。こんがりしてきたら裏返し、全体に焼き色がつくまで約5分揚げる。シートは途中で剥がれるので取り除く。網に取り出して油をきる。残った生地も好きな形にして揚げる（大きな鍋で一度に揚げてもOK）。

6) チョコレートグレースを作る。鍋に水を入れて弱火にかけ、上にボウルをおき、チョコレートグレースの材料をすべて入れて、ゴムベラでなめらかになるまで混ぜて溶かす。ホワイトチョコレートグレースも同様に作る。

7) ドーナツの上面にチョコレートグレースをコーティングして網にとり出し、好みでトッピングする。

Recipe 25

キャンディケーン

材料（6個分）

パラチニット* ………… 100g
クレームタータ* ……… 10g
ミントエッセンス ……… 3滴
食用色素（赤）………… ごく少量

*パラチニットは、砂糖が原料の低カロリー甘味料。熱に強く、加熱しても色がつきにくいため、飴細工に最適。

*クレームタータは、ほかに「L-酒石酸水素カリウム」や「クレーム オブ タータ」という商品名で売られています。ここでは飴の色を白くするために使用。

作り方

1) 鍋にパラチニットを入れて弱火にかけ、かき混ぜずに溶かし、飴状になったら火からおろす。

2) クレームタータとミントエッセンスを加える。スプーンですくって空気を含ませながら白くなるまで混ぜる。これを1分ほど繰り返す。はちみつくらいのとろみになったらOK。

3) シルパットに2の飴を2等分する。片方に食用色素を入れ、スケッパーなどで混ぜ合わせる。

4) 飴が40℃程度になったら、両端をやさしく引っ張って棒状にのばす。

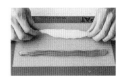

5) 2色をツイストし、両手で転がして生地をならす。キッチンバサミで長さをカットし、ケーンの形に整える。このとき飴が固くなったら、シルパットごと電子レンジ（600W）で10秒ほど加熱する。

オモチちゃん、レモンちゃん、リンゴちゃん、チョコちゃん。
さて、誰がどのパンを作ったかな？ 当ててみて。

『からすのパンやさん』

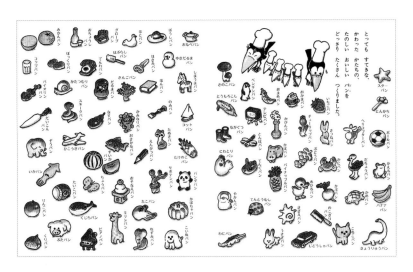

作・絵：かこさとし（偕成社）

子育て中の、いずみがもりのからすのパンやさんは失敗ばかり。でもある日、いろんな種類のパンを焼くと…。パンといって真っ先に思い浮かぶのがこの絵本。パンが並ぶページを見ながら「どのパンが食べたい？」なんて楽しみ方も。

Recipe 26

とってもすてきなかわったかたちのパン

材料（6個分）

はちみつ ……………… 70g
牛乳 ………………… 100ml
塩 …………………… ひとつまみ
卵 …………………… 1個
薄力粉 ……………… 120g
強力粉 ……………… 150g
ドライイースト ………… 4g
バター（食塩不使用）… 15g

［飾り用］
餅、ゆであずき、チョコレートスプリンクル、アンゼリカ、ココアパウダー、レモンピール、板チョコレート、レーズン、りんご（ダイス）、シナモン（パウダー）、プレッツェル、ピスタチオ（分量は次頁を参照）

下準備

・牛乳は耐熱容器に入れてラップをし、電子レンジ（600W）で20秒加熱する。
・薄力粉、強力粉、ドライイーストは合せてふるう。

作り方

1) ボウルにはちみつ、温めた牛乳、塩、卵を入れて混ぜる。

2) ふるった粉類を加えて混ぜ、バターを加え、えっさかほっさか50回こねてひとまとめにしてボウルに入れる。

3) 60℃の湯煎にかけ、ラップをかぶせて2時間おいて発酵させる。

4) 3をこぶしで押しつぶしてガスを抜いたら、6等分し、「ぶた」「ちょう」「かたつむり」「きつね」「りんご」「ボール」に成形する（作り方は次項参照）。オーブン用シートを敷いた天板に並べる。

5) 4にラップをかぶせて約30分おいて2次発酵させる。オーブンを190℃に温めはじめたら、分量外の溶き卵を塗り、オーブンで12分焼く。

6) 仕上げに分量外のはちみつを適宜塗る。

きつねパン

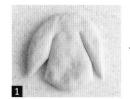

1 生地を伸ばし、写真のように切り込みを入れる。

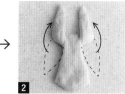

2 耳になる部分を上に折り曲げる。

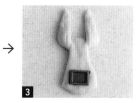

3 チョコレートを1片おく。

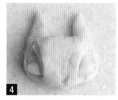

4 チョコレートを包むように下から巻き上げる。

5 はみ出た端を後ろに入れ込む。

6 チョコレートスプリンクルで目、レーズンで鼻をつける。

かたつむりパン

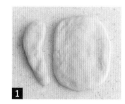

1 生地を2つに分け、からだになる部分は棒状にする。

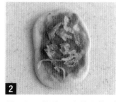

2 殻になる部分の生地を伸ばし、ココアパウダー1gとレモンピール12gを広げる。

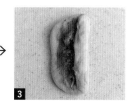

3 具が隠れるようにくるくる巻く。

4 縦半分に切り込みを入れて開く。

5 渦状になるように丸める。

6 からだと殻を溶き卵で接着する。チョコレートスプリンクルで目をつける。

ぶたパン

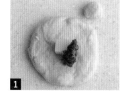

1 鼻用に生地を少し取り分ける。残りの生地は伸ばし、餅2cm角とゆであずきスプーン1杯を入れて丸める。

2 楕円に丸めた鼻を溶き卵でつける。箸を上から押して鼻の穴を開ける。

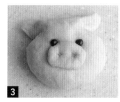

3 チョコレートスプリンクルで目をつける。耳の部分にキッチンバサミで切り込みを入れる。

ちょうパン

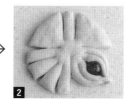

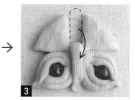

1 生地を伸ばし、写真のようにキッチンバサミで切り込みを入れる。

2 アンゼリカ1個を挟んで後ろ羽を作る。左側も同様。

3 腹になる部分を下に折り込む。

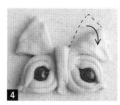

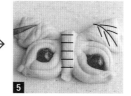

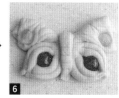

4 前羽になる部分を折り込む。左側も同様。

5 写真のようにナイフの先で模様を入れる。

6 半分にスライスしたアンゼリカを溶き卵でつける。

りんごパン

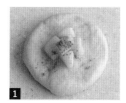

1 生地を伸ばし、サイコロ状に切ったりんご1/8個とシナモンひとふりを入れて丸める。

2 グラシン紙を入れたココットに入れる。

3 プレッツェルを刺し、半分に切ったピスタチオを溶き卵でつける。

ボールパン

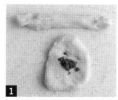

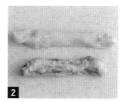

1 生地を2等分し、片方にココアパウダー3gを混ぜ合わせる。

2 棒状にする。

3 それぞれ6等分して丸める。

4 お椀の中央にココア生地1個、そのまわりにプレーン生地5個を入れる。

5 4の上にココア生地5個を写真のように重ねる。

6 5の真ん中にプレーン生地を伸ばして重ねる。

『もりのおくのおちゃかいへ』

キッコちゃんにどうぶつたちが分けてくれた、
森の木の実やくだものがぎっしりつまったケーキ。
1台のタルトを仕切りで分けて、
それぞれにデコレーションをすると、
いろんなケーキが1度に楽しめる!

『もりのおくの おちゃかいへ』

作：みやこしあきこ（偕成社）

おばあちゃんの家にケーキを届けに行く途中、ケーキを落としてしまったキッコちゃんが迷いこんだのは…。モノクロームで描かれた優しいタッチの中で、ケーキの色彩が印象的。

Recipe 27

一つの台で4種作る みんなのタルト

材料（15cm直径のタルト型1台分）

バター（食塩不使用）… 60g
てんさい糖 …………… 40g
薄力粉 ……………… 100g
卵 ……………………… 1個
アーモンドパウダー …… 70g

［フィリング］
バター（食塩不使用）… 65g
粉砂糖 ………………… 65g
アーモンドパウダー …… 70g
卵 ……………………… 1個

下準備

・バターは室温において柔らかくする。
・薄力粉はふるう。
・オーブン用シートは10cm×8cmの長方形に切って半分に折る。計8枚作る。
・コルネを1枚用意する。
・絞り袋にバラ口金（10mm）をセットしたものを1個用意する。

作り方

1) ボウルにバターとてんさい糖を入れて泡立て器で混ぜ、薄力粉、アーモンドパウダー、卵を加えて混ぜる。生地がまとまったらラップに包んで冷蔵庫で30分休ませる。

2) フィリングを作る。ボウルにバター、粉砂糖、アーモンドパウダーを順に入れて泡立て器で混ぜ、溶きほぐした卵を少しずつ加えて混ぜる。

3) オーブンを180℃に温めはじめる。1の生地をめん棒で5mm厚にのばし、型よりひとまわり大きく広げたら型に敷いて余分な生地を落とす。底にフォークで10箇所ほど穴をあけ、2のフィリングを入れてゴムベラで全体をならす。オーブンで18分焼く。型のまま網にのせて冷ます。

4) 型から外してナイフの背でシートを差し込み、8等分に仕切りを作ったら、2個ずつデコレーションする。

キャラメルナッツのタルト

材料

グラニュー糖 ………… 50g
水 ……………………… 10ml
くるみ ヘーゼルナッツ … 合わせて50g
あんずジャム（市販）…… 10g

作り方

1) 鍋にグラニュー糖と水を入れて弱火にかける。色づいたら鍋をまわして水分をいきわたらせて色を均一にし、好みのカラメル色になったら火を止める。

2) ボウルにくるみとヘーゼルナッツを入れ、1のキャラメルをかけて全体にからめる。

3) タルトにあんずジャムを塗り、2をたっぷりと並べる。

チョコバナナのタルト

材料

チョコレート（スイート）…… 25g
生クリーム（乳脂肪35%）… 25ml
バナナ ……………………… 2/3本

作り方

1) 耐熱容器に生クリームを入れてラップをし、電子レンジ（600W）で30秒加熱する。

2) ボウルにチョコレートを入れ、生クリームを注いでゴムベラでツヤが出るまで混ぜる。コルネに入れる。

3) タルトにチョコレートクリームを広げ、輪切りにしたバナナを並べる。

デコレーション3

ミックスベリータルト

材料

水 ……………………………… 50ml
グラニュー糖 ……………… 5g
粉寒天 ……………………… 1g
あんずジャム（市販）…… 10g
フランボワーズ ………… 60g
ブルーベリー ……………… 10g

作り方

1) 小鍋に水、グラニュー糖、粉寒天を入れて中火にかけてゴムベラで混ぜ、沸騰したら弱火にして2分煮る。

2) タルトにあんずジャムを塗り、フランボワーズとブルーベリーをたっぷりと並べる。上から刷毛で1をうつ。

デコレーション4

レモンタルト

材料

レモンピール（市販）……… 10g
レモン（飾り用）…………… 適宜
生クリーム ………………… 100ml
グラニュー糖 ……………… 10g

作り方

1) ボウルに生クリームとグラニュー糖を入れ、布巾で包んだ保冷剤の上におき、ハンドミキサーで8分立てにする（P.111参照）。バラ口金をセットした絞り袋に入れる。

2) タルトにレモンピールを並べ、上から生クリームを絞ってくし切りのレモンをスライスして飾る。

キッコちゃんがさくさく歩いた
雪の上をイメージして

Recipe 28

スノーボール

材料（16個分）

バター（食塩不使用） …… 50g
粉砂糖 ……………………… 25g
薄力粉 ……………………… 75g
アーモンドパウダー ……… 25g
粉砂糖（仕上げ用） ……… 20g

下準備

・バターは室温において柔らかくする。
・薄力粉はふるう。
・バットに仕上げ用の粉砂糖を入れる。
・天板にオーブン用シートを敷く。

作り方

1) ボウルにバターと粉砂糖を入れ、泡立て器ですり混ぜる。薄力粉とアーモンドパウダーを加えてカードで切るようにして混ぜ、粉気がなくなったらひとまとめにしてラップに包んで冷蔵庫で30分休ませる。

2) オーブンを160℃に温めはじめる。一口大ずつ手にとってボール状に丸め、天板に並べる。焼く直前まで天板ごと冷蔵庫に入れて冷やす。オーブンで15分焼く。オーブンから取り出し、天板にのせたまま冷ます。

3) バットに入れて転がし、粉砂糖を全体にまぶす。

少年に無償の愛を注いだりんごの木。
少年が年老いて腰を下ろした、おおきな木の切り株をケーキに。
「ぼくと木」のハートも描いたら、
年輪ケーキのできあがり

『おおきな木』

作：シェル・シルヴァスタイン　訳：村上春樹（あすなろ書房）

1本のりんごの木は、男の子が成長して大人になり、老人に
なるまで、温かく見守り続ける。ずっと寄り添い続けた木
は、自分のすべてを彼に与えてしまう。それでも木は幸せ
だった。そんな無償の愛が大人の心に染みる。

切り株のチョコレートケーキ

材料（直径15cmのケーキ1台分）

卵 ……………………… 3個
グラニュー糖 ……………… 80g
薄力粉 …………………… 50g
コーンスターチ …………… 25g
重曹 ……………………… 小さじ1
バター（食塩不使用）…… 30g
チョコレートソース（市販）… 10g

[クリーム]
生クリーム（乳脂肪35%）… 100ml
グラニュー糖 ……………… 10g
チョコレートソース（市販）… 5g

[仕上げ用]
チョコレート（スイート）…… 100g
生クリーム（乳脂肪35%）… 100ml
シロップ ………………… 50ml
（水50mlとグラニュー糖25gを
　火にかけて溶かす）
ブルーベリー …………… 100g
ピスタチオ（ダイス状）…… 適量

下準備

・直径15cmの丸型を2台用意し、そ
　れぞれオーブン用シートを敷く。
・薄力粉、コーンスターチ、重曹は合
　わせてボウルにふるう。
・バターは耐熱容器に入れてラップ
　をし、電子レンジ（600W）で20秒を
　数回に分けて加熱して溶かす。

作り方

1) 生地を作る。ボウルに卵を入れ、ハンドミキサーでほぐす。グラニュー糖を加えて混ぜ、粒が見えなくなったら80℃の湯煎にかけて泡立てる。生地を指で触ってぬるいと感じる温度になったら湯煎から外し、生地がもったりとするまでさらに泡立てる。生地をすくい上げ、リボン状に落ちた生地が表面に残る程度まで泡立てる。

2) オーブンを170℃に温めはじめる。ふるった粉類を加えてゴムベラでさっくりと混ぜ、全体が混ざったらバターを加えて粉気がなくなるまで混ぜる。

3) 型に生地の1/3量を流し入れる（ケーキの土台になる生地）。

4) 残り2/3量をボウルに等分し、片方にチョコレートソースを加えて泡立て器で混ぜる。

5) もう1台の型に4のプレーン生地を1/3量流し入れたら、型の中央めがけてチョコレート生地を1/3量流し入れる。同じ要領でプレーン生地、チョコレート生地を交互に入れて年輪のような模様にする。

6) 3と5の2台を170℃のオーブンで20分焼く。型から外して網にのせて冷ます。

7) 仕上げ用チョコレートを作る。鍋に生クリームを入れて弱火にかけ、沸騰直前で火を止める。ボウルにチョコレートを入れて上から生クリームを注ぐ。ゴムベラでツヤが出るまで混ぜる。

8) クリームを作る。ボウルに生クリームとグラニュー糖を入れて布巾で包んだ保冷剤の上におき、ハンドミキサーで6分立てにする。チョコレートソースを加えてハンドミキサーで混ぜ、7分立てにする。

9) プレーンのスポンジを取り出して表面に刷毛でシロップをうつ。上面に8のクリームを広げ、ブルーベリーを散らす。その上に年輪模様のスポンジを重ねる。スポンジの側面に7の仕上げ用チョコレートを塗り広げる。フォークで木の模様をつける。ピスタチオとブルーベリーを添える。

卵焼き器を使って
手軽に作れるのがうれしい!

Recipe 30

幹のバームクーヘン

材料
(直径6cm×長さ10cm 1本分)

バター(食塩不使用) ……	45g
グラニュー糖 ………………	30g
卵 …………………………	1個
薄力粉 ……………………	45g
コーンスターチ ……………	30g
重曹 ………………………	小さじ1
シナモン …………………	小さじ1
レモンの皮(すりおろし)	
……………	1/2個分
牛乳 ………………………	100ml

[チョコレートグラサージュ]*

チョコレート(スイート) ……	20g
生クリーム(乳脂肪35%) …	20ml
サラダ油 …………………	3g
アーモンドスライス(生) …	15g

*グラサージュはケーキなどの表
面に上掛けするソースのこと。

下準備
・長さ10cmのストローをアルミ箔
　で巻き、直径2cmの円柱にし、
　バームクーヘンの芯を作る。

・薄力粉とコーンスターチは合わせてボウルにふるう。
・バターは室温において柔らかくする。

作り方

1) ボウルにバターとグラニュー糖を入れて泡立て器でよく混ぜる。全体がク
　リーム状になったら、卵を加えて混ぜ、ふるった粉類、重曹、シナモン、レモ
　ンの皮を加えて粉気がなくなるまで混ぜる。牛乳を少しずつ加えて混ぜ、なめ
　らかな生地にする。

2) バター(分量外)を塗った卵焼き器を弱火に
　かけ、1を薄く流し入れる。生地がしっかりと
　焼けたらアルミ箔の円柱を手前に置く。手前
　からゴムベラで転がして生地を巻きつける。
　厚焼き卵を作る要領で、生地を足しながら焼
　き目をつけて巻いていく。キッチンペーパー
　に取り出して粗熱をとり、芯を抜く。

3) グラサージュを作る。ボウルにチョコレートを入れ、耐熱容器に入れてラップ
　をし、電子レンジ(600W)で40秒温めた生クリームをまわしかける。ゴムベ
　ラでツヤが出るまで混ぜ、サラダ油を加えて全体を混ぜ合わせる。

4) 2を網において上から3をかける。アーモンドスライスを全体にまぶす。

『モグラくんとセミのこくん』

作：ふくざわゆみこ
（福音館書店）

モグラくんは迷子になったセミのこくん
と出会い、一緒に暮らすことに。楽しい
日々が過ぎたある日、セミのこくんの背
中にひびが入り、もう一緒に土の中にい
られないことを悟ったモグラくんは‥。
友情と別れが清々しく描かれた作品。

➡ Recipe P60、P61

Recipe 31

切り株とチェッカーのクッキー

材料
（チェッカー25個分、切り株14個分）

[プレーン生地]
バター（食塩不使用）… 60g
グラニュー糖 ………… 40g
薄力粉 ………………… 100g
溶き卵 ………………… 1/2個分

[ココア生地]
バター（食塩不使用）… 60g
グラニュー糖 ………… 40g
薄力粉 ………………… 80g
溶き卵 ………………… 1/2個分
ココア ………………… 20g

溶き卵（接着用）……… 1個分

下準備
・バターは室温において柔らかくする。
・薄力粉はそれぞれふるう（ココア生地はココアと合わせてボウルにふるう）。
・天板にオーブン用シートを敷く。

作り方

1) プレーン生地とココア生地を作る。それぞれボウルにバターとグラニュー糖を入れ、泡立て器ですり混ぜる。溶き卵を加えてなめらかになるまで混ぜ、薄力粉（ココア生地はココアと合わせたもの）を加えてゴムベラで混ぜる。

2) 生地がまとまったら、ラップで包んで冷蔵庫で30分休ませる。

3) チェッカーを作る。それぞれの生地を長さ15cmの1cm角にし、棒状を2本ずつ作る。溶き卵を接着面に塗って交互に重ねる。ラップで包んで冷凍庫で約30分冷やし固める。

4) 切り株を作る。それぞれの生地を10cm×12cmの長方形になるようにめん棒でのばす。ココア生地の上に接着用の溶き卵を塗ってプレーン生地を重ね、手前から巻く。

5) ラップで包んで冷凍庫で約30分冷やし固める。オーブンを170℃に温めはじめる。

6) 3と4の生地を取り出してチェッカーは7mm厚に切り、切り株は、1cm厚に切り、生地の側面にフォークで模様をつける。天板に間隔をあけて並べ、170℃のオーブンで17分焼く。シートごと網にのせて冷ます。

Recipe 32

栗とさつまいものスイートポテト

材料（4人分）

さつまいも　……………… 2本（約320g）
＊安納芋がおすすめ
バター（食塩不使用）…… 50g
グラニュー糖　……… 40g
生クリーム（乳脂肪35%）… 大さじ2
ラム酒　……………… 小さじ1
栗の甘露煮　……… 2個
卵黄（ツヤ出し用）……… 1個分

下準備

・さつまいもは皮ごとよく洗う。
・栗の甘露煮は1cm角に切る。
・天板にオーブン用シートを敷く。
・バターは室温において柔らかくする。

作り方

1) さつまいもは新聞紙で包み、新聞紙ごと水に濡らす。耐熱容器にのせてラップはかけずに電子レンジ（600W）で5分加熱する。竹串がスッと通ればOK。通らなければさらに1分加熱して調整する。

2) 1が熱いうちに縦半分に切り、皮の内側を3mmほど残してスプーンで中身をくり抜く。皮は型に使うので破かないように気をつける。

3) いもが熱いうちにバター、グラニュー糖、生クリーム、ラム酒を加えてゴムベラでなめらかになるまでよく混ぜ、栗の甘露煮を加えて混ぜ合わせる。オーブンを220℃に温めはじめる。

4) 3を2の皮に詰め、表面にツヤ出し用の卵黄を刷毛で塗る。天板に並べてオーブンできつね色になるまで20分焼く。

Recipe 33

たんぽぽと洋梨のジンジャーティー

材料（2人分）

たんぽぽ茶（ティーバッグ）… 1包
洋梨　……………… 1/2個
水　……………… 400ml
生姜のすりおろし　……… 10g
はちみつ　……………… 20g
シナモンスティック　……… 2本
洋梨（スライス・飾り用）… 適量

下準備
・洋梨は皮をむき、種をのぞいてくし切りにする。
・生姜は容器に入れてはちみつをかける。

作り方

1) 鍋にたんぽぽ茶、洋梨、水を入れて火にかけ、沸騰したら火を止めて具を取り除く。

2) 2つのカップにはちみつと生姜のすりおろしを等分して入れ、1を注いでスプーンでよく混ぜる。シナモンスティックと飾り用の洋梨を添える。

ひろったドングリをならべてみると、小さいものや細長いもの、丸いもの、
形も色もいろいろ。似ているようでひとつひとつ違うドングリを、
いろんな食材で作ってみよう。松ぼっくりや落ち葉もついでにね！

ひろった・あつめた
『ぼくのドングリ図鑑』

作：盛口満（岩崎書店）

子どもたちに一番身近な木の実は
ドングリ。ゲッチョ先生が日本全
国、海外で集めたドングリを紹介
する図鑑絵本。「何もここまで」と
いうドングリだらけの1冊。拾った
ドングリと見比べてみて。

Recipe 34

ハーブの葉が活躍！
葉っぱチョコレート

材料（13枚分）

チョコレート（ミルク）…… 20g
ミントの葉 …………… 5枚
バジル …………………… 8枚

作り方

1) ボウルにチョコレートを入れ、60℃の湯煎にかけ
   て溶かす。

2) オーブン用シートにミント
   とバジルを並べ、
   スプーンを使って1を
   片面に塗る。冷蔵庫で
   40分冷やし固めたら、
   そっと葉をはがす。

Recipe 35

ユニークでかわいい

松ぼっくりケーキ

材料（2個分）

スポンジ（ココア・市販）…… 50g
コーヒークリーム*………… 大さじ1
*作り方はP.71参照
アーモンド（スライス）……… 20g

作り方

1) ボウルにスポンジを手でほぐし入れる。コーヒークリームを入れてゴムベラで混ぜ、ひとまとめにする。等分し、手で三角の山になるように成形する。

2) 1にアーモンドスライスを刺して松ぼっくりの形に仕上げる。

Recipe 36

本物そっくり！？

ドングリチョコレート

材料（各12個分）

アーモンド（皮付き）………… 12個
アーモンドチョコレート（市販）… 12個
チョコレート（スイート）………… 20g
ピスタチオ（ダイス）、アーモンド（ダイス）各適量

作り方

1) ボウルにチョコレートを入れ、60℃の湯煎にかけて溶かす。

2) アーモンドの上1/4に1をつけてピスタチオをまぶす。

3) アーモンドチョコレートの上1/4に1をつけてアーモンドをまぶす。

Recipe 37

おもしろい形が楽しい

ドングリクッキー

材料（8個分）

バター（食塩不使用）… 30g
粉砂糖………………… 40g
全粒粉………………… 100g
卵黄………………… 1/2個分
チョコレート（ミルク）…… 100g
生クリーム（乳脂肪35%）50ml
チョコレートチップ……… 8個

下準備

・バターは室温において柔らかくする。
・絞り袋に丸口金（15mm）をセットする。
・天板にオーブン用シートを敷く。

作り方

1) ボウルにバターと粉砂糖を入れ、泡立て器ですり混ぜる。全粒粉と卵黄を加えて混ぜ、生地がまとまったらラップで包み、冷蔵庫で30分休ませる。

2) オーブンを180℃に温めはじめる。生地をめん棒で5mm厚にのばし、直径4cmの丸型で抜き、天板に並べる。オーブンで13分焼く。シートごと網にのせて粗熱をとる。

3) 鍋に生クリームを入れて弱火にかけ、沸騰直前で火からおろす。

4) ボウルにチョコレートを入れ、3の生クリームを注いでゴムベラでツヤが出るまで混ぜる。粗熱がとれたら絞り袋に入れる。

5) 2のクッキーの上に4のチョコレートを絞り出す。固まったらドングリの底にチョコレートチップを少量の4でつける。

葉っぱの上に、小さなたまご。
あおむしから、蝶になれて良かった！

「おや、はっぱの うえに
ちっちゃな たまごが。」
おつきさまが、そらから
みて いいました。

『はらぺこあおむし』

作：エリック・カール
訳：もりひさし（偕成社）

小さなあおむしが、いろんな
ものをモリモリ食べつづけて
美しい蝶に変身。世界中で大
ヒットした作品。小さな子ども
にも分かりやすく数や曜日の
認識を盛り込んで、穴あきの
仕掛けも楽しい。

Recipe 38

リーフパイとチョコレートの蝶

材料（6個分）

冷凍パイシート（18cm四方）
　　　　　　　　……………… 2枚
チョコレート（スイート）…… 100g
生クリーム（乳脂肪35%）… 100ml
卵黄 ………………………… 1個分
チョコペン ………………… 1本

下準備

・パイシート2枚は半分に切って
　計4枚にする。
・天板にオーブン用シートを敷く。
・チョコペンをぬるま湯につけて
　柔らかくする。
・蝶のイラストを用意する。

作り方

1) 鍋に生クリームを入れて弱火にかけ、沸騰直前で火を止める。刻んだチョコ
　レートを入れたボウルに注ぎ入れ、ゴムベラでなめらかになるまで混ぜる。

2) パイシート1枚に1をパレットナイフで塗り広げ
　る。上からパイシート1枚を重ね、ナイフで木の
　葉型に切り抜き、葉脈の模様を施す。天板に並
　べて刷毛で卵黄を塗り、冷蔵庫に入れる。同様
　にもう1セット作る。オーブンを200℃に温めは
　じめる。

3) 冷蔵庫から取り出し、オーブンで13分焼く。シートごと網にのせて冷ます。

4) 蝶を作る。蝶のイラストの上
　にオーブン用シートを敷き、
　チョコペンで蝶の羽の部分
　をなぞって描く。冷蔵庫で
　20分冷やし固める。

5) 4を取り出し、シートごと本のノドにのせて角
　度をつけ、チョコペンで蝶の腹の部分を絞り出
　し、羽と固定させる。固まったら取り外して3に
　添える。3にチョコペンをひと粒程度絞って、は
　らぺこあおむしの卵を作る。

----
memo
絵本のように色付きのチョコペン
でカラフルな蝶を作ってもステキ。

甘いはちみつをたっぷりかけた、おしゃれなワーニャさんも
うっとり、気絶しそうになるケーキはどんな味?
あの"プチプチ"を使ってみたら、あら不思議。
蜂の巣みたいなケーキのできあがり。

『せかいいちまじめなレストラン』

作・絵：たしろちさと
（ぽるぷ出版）
イタメーニョさんのレストラン
は、世界にただ1つの特別なレス
トラン。真面目なイタメーニョさ
んはフレッシュリンゴジュースの
注文があったら裏庭のりんごを
とってきて作る。おいしそうな食
べ物が次々と登場。

Recipe 39

うっとりハニースペシャルケーキ

材料（直径15cmのタルト型1台分）

バター（食塩不使用）… 60g	［はちみつゼリー］
てんさい糖 …………… 40g	はちみつ ………… 40g
薄力粉 ………………… 100g	水 ………………… 60ml
卵 …………………………… 1個	板ゼラチン ………… 2.5g
アーモンドパウダー …… 70g	
チョコレート（ホワイト）… 80g	エディブルフラワー（飾り用）
生クリーム ………… 70ml	
レモンピール ………… 20g	

下準備

・バターは室温において柔らかくする。
・薄力粉はふるう。
・ゼラチンは分量外の水でふやかす。
・直径15cmのエアキャップ（プチプチ）を用意する。

作り方

1）ボウルにバターとてんさい糖を加えて混ぜ、薄力粉、アーモンドパウダー、卵を加えて混ぜ、生地がまとまったらラップに包んで冷蔵庫で30分休ませる。

2）オーブンを180℃に温めはじめる。1をめん棒で5mm厚にのばしてタルト型に敷き、重石を乗せてオーブンで18分焼く。

3）ボウルにホワイトチョコレートを入れて60℃の湯煎にかけ、完全に溶けたら生クリームの半量を合わせてゴムベラで混ぜる。

4）別のボウルに残りの生クリームを入れ、布巾で包んだ保冷剤の上におき、ハンドミキサーで7分立てに泡立て、3と合わせる。

5）粗熱がとれた2にレモンピールを敷き、4のクリームを流し入れ、エアキャップをかぶせて冷凍庫で2時間冷やし固める。

6）はちみつゼリーを作る。鍋にはちみつと水を入れて中火にかけ、沸騰直前で火を止め、水を切ったゼラチンを加えてゴムベラで混ぜて溶かす。

7）5のエアキャップをそっと外し、6のゼリー液を流し入れる。冷蔵庫で30分冷やし固める。エディブルフラワーでうっとり飾る。

『にんじんケーキ』

「いや、ぼくは なんとか ひとりで ぬけだして、
パンやへ いった。にんじんケーキを かおうと
したんだが、ちょっと においを かいだ とたん、
パンやの やつに、のしぼうで、いやと いうほど
あたまを たたかれた。めだまが とびだすかと
おもったよ」

「ともだちが きて、めだまを だしてくれるわ」

「なにを ばかな こと いってるんだ、
きみは、ひどい パンやね、と おこるべき
なんだぞ!」だんなさんは どなりました。

作：ナニー ホグローギアン
訳：乾 侑美子（評論社）

美しく優しいイラストと穏やかな物語。最初は噛み合わない夫婦うさぎが、おたがいの価値観を知り、思いやり、理解しあうことの大切さを感じる1冊。子どもはもちろん、このやりとりにハッとする大人も多いかも?

Recipe 40
幸せのキャロットケーキ

材料（直径15cmの丸型）

にんじん	2本（330g）
サラダ油	30g
はちみつ	90g
卵	2個
重曹	小さじ2
薄力粉	200g
レーズン	100g

[フロスティング]

クリームチーズ	100g
はちみつ	40g

下準備

・クリームチーズは室温において柔らかくする。
・にんじんはよく洗って皮ごとすりおろす。
・薄力粉はふるう。
・型にオーブン用シートを敷く。
・オーブンは180℃に予熱する。

作り方

1) ボウルににんじん、サラダ油、はちみつ、溶きほぐした卵を加えてゴムベラで混ぜる。薄力粉と重曹を加えて軽く混ぜ、レーズンを加えて粉気がなくなるまで混ぜる。

2) 型に流し入れ、180℃のオーブンで55分焼く。型から外して網にのせて冷ます。

3) フロスティングを作る。ボウルにクリームチーズとはちみつを入れ、泡立て器でよく混ぜる。ケーキの上面にパレットナイフで広げて平らにならす。

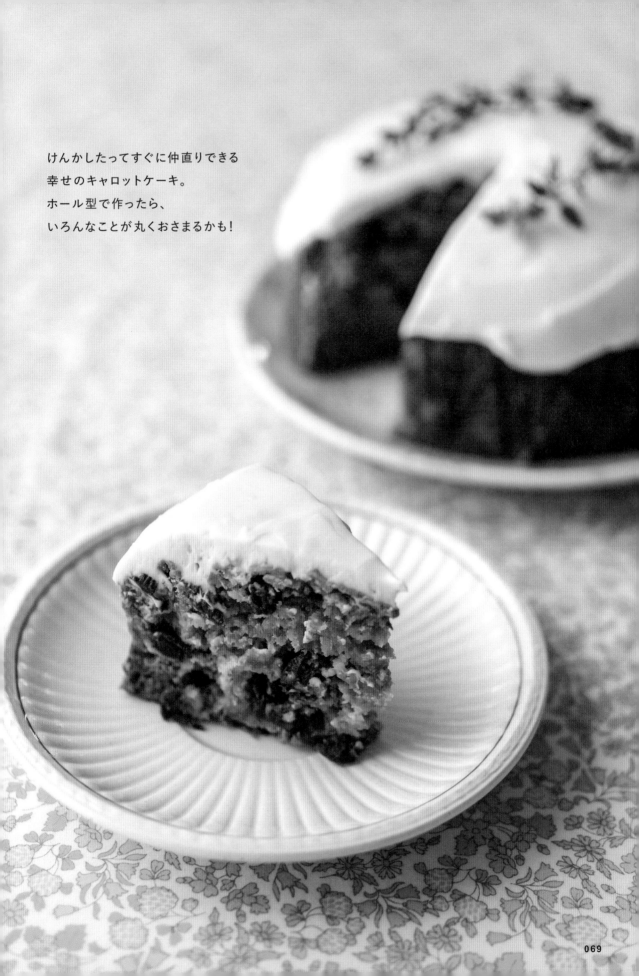

けんかしたってすぐに仲直りできる
幸せのキャロットケーキ。
ホール型で作ったら、
いろんなことが丸くおさまるかも！

『マフィンおばさんのぱんや』

作：竹林亜紀
絵：河本祥子（福音館書店）

マフィンおばさんのパンやはいつも大繁盛。ある晩、この店で働いているアノダッテは自分もパンを焼いてみようと、たくさんの材料を合わせ、こっそり焼こうとしたら、そのパンがどんどん大きくなって…。

アノダッテが作った
どんどん、どんどん、どんどんふくらむパン。
まるで型からあふれんばかりにふくらむポップオーバーみたい！
好みのジャムやクリームをつけて食べてね。

Recipe 41

ポップオーバー

材料（プリンカップ4個分）

薄力粉 ……………………	50g
シナモンパウダー ………	少量
塩 ………………………	ひとつまみ
卵 ………………………	1個
牛乳 ……………………	100ml
バター（食塩不使用）…	15g
アーモンド（スライス）…	4g

下準備

・型にバター（分量外）をたっぷりと塗り、上から薄力粉（分量外）を茶こしでまぶして、余分な粉を落とす。

・薄力粉とシナモンパウダーは合わせてボウルにふるう。
・バターは耐熱容器に入れてラップをし、電子レンジ（600W）で20秒を数回に分けて加熱して溶かす。

作り方

1) 粉類が入ったボウルに塩を入れて、溶きほぐした卵と牛乳を加えてなめらかになるまで泡立て器で混ぜる。バターを加えて全体を混ぜ合わせる。

2) 型の半量目安に1を流し入れ、アーモンドを1gずつまぶす。冷蔵庫に入れて10分休ませる。オーブンを210℃に温めはじめる。

3) オーブンで15分焼き、オーブンの扉は開けずに180℃に下げてさらに15分焼く。そのまま庫内に10分おき、粗熱をとる。

りんごのジャム

材料（120g）

りんご …………	1個
水 ………………	40ml
レモン果汁 ………	小さじ1
グラニュー糖 ……	50g

作り方

りんごは皮をむいてさいの目に切る。鍋に材料をすべて入れて室温に10分おく。弱火にかけ、木べらで混ぜながらカラメル色になるまで加熱する。粗熱がとれたら密閉容器に入れ、冷蔵庫で冷やす。

コーヒークリーム

材料（200g）

インスタントコーヒー …	小さじ1
生クリーム …………	100ml
チョコレート（ミルク）…	100g

作り方

鍋に生クリームとコーヒーを入れて弱火にかけ、沸騰直前で火を止める。チョコレートを入れたボウルに注ぎ入れ、ゴムベラでなめらかになるまで混ぜる。粗熱がとれたら密閉容器に入れ、冷蔵庫で冷やす。

赤すぐりのジャム

材料（120g）

赤すぐり（冷凍）…	90g
レモン果汁 ………	小さじ1
はちみつ …………	30g

作り方

鍋に材料をすべて入れて室温に10分おく。弱火にかけ、木べらで混ぜながらとろみがつくまで約8分加熱する。粗熱がとれたら密閉容器に入れ、冷蔵庫で冷やす。

『こねこのぴっち』

作：ハンス・フィッシャー
訳：石井桃子（岩波書店）

リゼットおばあさんの家に住んでいるこねこのぴっちは、他
の兄弟とは違う遊びをしたいと考え、アヒルの真似をして池
で泳ごうと思いついたり…。ぴっちの大騒動の末、ラストは
ほっこり。絵がたまらなく愛らしく、小さな子にもおすすめ。

Recipe 42

ラングドシャ

材料（10枚）

バター（食塩不使用）…… 30g
グラニュー糖 …………… 25g
卵白 ………………… 1個分
薄力粉 ………………… 30g
バニラエッセンス ……… 3滴

下準備

・バターは室温において柔らかくする。
・薄力粉はボウルにふるう。
・絞り袋に丸口金（10mm）をセットする。
・天板にオーブン用シートを敷く。
・オーブンは160℃に予熱する。

作り方

1) ボウルにバターを入れて泡立て器で白っぽくなるまで混ぜ
る。グラニュー糖を加えてさらにすり混ぜる。卵白を少しずつ
加えてなめらかになるまで混ぜる。

2) 薄力粉を加えてゴムベラで粉気がなくなるまで混ぜ、バニラ
エッセンスを加えて全体を混ぜ合わせる。

3) 絞り袋に入れ、7cmほどの
長さになるように天板に絞
り出す。

4) 160℃のオーブンで18分
焼く。シートごと網にのせ
て粗熱をとる。

7cmまで絞ったら、少し戻す

冒険の後は、やっぱり我が家が一番!
ほのぼのとした優しい時間のティータイムに、
「ねこの舌」の意味をもつ「ラングドシャ」はいかが?

Recipe 43

ちいさいケーキ

材料（16個分）

バター（食塩不使用）… 80g
粉砂糖 ……………… 100g
卵 …………………… 1個
サラダ油 …………… 15ml
薄力粉 ……………… 100g
ベーキングパウダー … 小さじ1/2
牛乳 ………………… 80ml
いちごジャム（作り方P.105参照）…100g
フォンダン* ………… 200g
食用色素（赤・青）…… ごく少量
エディブルフラワー（押し花タイプ）
………… 16枚

下準備

・バターは室温において柔らかくする。
・薄力粉とベーキングパウダーは
　合わせてボウルにふるう。
・15cm角の型にオーブン用シートを敷く。
・オーブンは170℃に予熱する。

*フォンダンとは、砂糖を再結晶化させた糖液。本書では市販の冷蔵タイプを使って
います。高温で溶かすと糖液に戻ってしまうので、ぬるめの湯煎で柔らかくします。

作り方

1) ボウルにバターを入れて泡立て器で白っぽくなるまで混ぜ、粉砂糖を加えて
すり混ぜる。卵を加えてさらに混ぜ、サラダ油を少しずつ加え、なめらかにな
るまで混ぜる。

2) ふるった粉類を加えて泡立て器で混ぜ、牛乳を少しずつ加えて全体を混ぜ合
わせる。型に流し入れ、170℃のオーブンで30分焼く。型から網に取り出して
粗熱をとる。

3) 2のスポンジを横半分に切る。
下段のスポンジの断面にいち
ごジャムを塗り、上段のスポ
ンジをのせ、縦4等分、横4等
分にカットする。ラップをして
冷凍庫で30分冷やす。

4) フォンダンを40℃の湯煎にかけて温め、ボウルに3等分する。2つそれぞれに
食用色素を入れ、赤と青に着色する。

5) 3を4に入れてコーティング
し、フォークですくい上げ、
網に上げる。エディブルフラ
ワーを飾る。

ケーキ職人のトムが小麦粉の貯蔵室に住む、
白ねずみのティナのために作る、ちいさいケーキ。
誰かのために、ひと口サイズのケーキを作ったら、
きっとみんなティナのように嬉んでくれるはず。

『さとうねずみのケーキ』

文：ジーン・ジオン
マーガレット・ブロイ・グレアム
訳：わたなべしげお（アリス館）

見習いコックのトムは、先輩コックたちにいつもバカにされて洗い物ばかり。本当はとても上手にケーキを作れることを知っていたのは、白ねずみのティナ。ある日、お城でケーキコンテストが開かれることを知り、トムはある作戦を立てる。

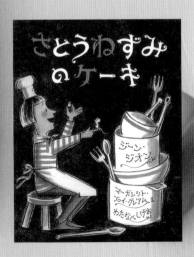

ティナは、こむぎこのちょぞうしつに すむ ちいさな しろい ねずみでした。
よる みんなが だいどころから ひきあげると トムは ティナのために
ちいさい ケーキを いくつも やいて やるのでした。ティナは、トムのケーキを、
せかいで いちばん じょうとうのケーキと おもって いました。
ティナは、うれしくて チューチュー なきながら、そのケーキを たべるのでした。

小さな池の片隅で
傷ついた白鳥が羽を休める。
やさしい気持ちに包まれる物語をシュークリームで表現。

『はくちょう』

文：内田麟太郎
絵：いせひでこ（講談社）

傷ついた羽をひとりで癒す
白鳥に、小さな池は想いを
寄せる。白鳥が飛び立った
その時…。青い画面に、美
しい白鳥と池の想いを描き
出した、心に響く絵本。

白鳥のシュークリーム

材料（6個分）

[シュー生地]

A
- バター（食塩不使用）…30g
- 牛乳 ……………… 60ml
- 水 ………………… 60ml
- グラニュー糖 ………… 小さじ1
- 塩 ………………… ひとつまみ

薄力粉 ………………… 70g
卵 ………………… 2個（120g）

[カスタードクリーム]

牛乳 ………………… 250ml
卵黄 ………………… 2個
グラニュー糖 ………… 50g
薄力粉 ………………… 25g
ラム酒 ………………… 2g

粉砂糖 ………………… 適量

下準備

・バターは1cm角に切ってラップで
　包んで冷蔵庫で冷やす。
・薄力粉はふるう。
・絞り袋に丸口金（15mm）をセット
　する。
・天板にオーブン用シートを敷く。
・コルネを1枚用意する。

作り方

シュー生地を作る

1) 鍋にAを入れて中火にかけ、沸騰したら火を止める。薄力粉を一度に加えてゴムベラで手早く混ぜる。

2) 生地がまとまったら、溶きほぐした卵を少しずつ加えてそのつど混ぜる（卵の量は生地の様子をみながら調整する）。ゴムベラですくうとゆっくりと落ち、ヘラに残った生地が逆三角形になるくらいの堅さにする。オーブンを200℃に温めはじめる。

3) 頭部用に1/5量残して絞り袋に入れ、天板に直径5cm、高さ2cm程度の丸形になるように絞り出す。溶き卵（分量外）に浸したフォークの背で生地に格子模様をつけ、霧吹きをする。

  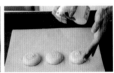

4) 200℃のオーブンで25分焼く（途中でオーブンを開くとしぼむので注意）。網にのせて冷ます。

5) 残った生地はコルネに入れる。オーブン用シートを敷いた天板に丸く絞ってからS字に絞り出し、頭部を6つ作る。170℃に予熱したオーブンで18分焼く。

カスタードクリームを作る

1) 鍋に牛乳を入れて弱火にかけ、沸騰直前で火からおろす。

2) ボウルに卵黄とグラニュー糖を入れ、泡立て器で白っぽくなるまですり混ぜる。薄力粉を加えて混ぜ、1の牛乳を少しずつ加えて混ぜ、ラム酒を加える。

3) こし器でこしながら1の鍋に戻し、弱火にかけて木べらで素早く混ぜ、もったりしてきたら火を止める。浅い器に広げ、ラップをぴったりかぶせて冷ます。

組み立てる

1) シュー生地を横半分に切り、上側は2等分して羽にする。

2) シュー生地にスプーンでカスタードクリームを入れ、白鳥の頭部と羽をつける。羽に茶こしで粉砂糖をふるう。

スプーンちゃんのプリリンリンのプリン。
小さい子も食べられるように豆乳を使って、とろりと口当たりの
やさしいプリンに。スプーンちゃんも一緒にどうぞ。

『スプーンちゃん』

作：小西英子（福音館書店）

小さな子どもの読み聞かせにピッタリなおいしそうな絵本。「スプーンちゃ
ん プリン たべるの プリリンリン」「メロン たべよう ララランロン」。リズ
ミカルな言葉と共に茶目っ気たっぷりなスプーンちゃんが登場。

Recipe 45

豆乳プリン

材料（プリン型4個分）

卵 …………………………… 2個
豆乳 ……………………… 250ml
グラニュー糖 …………… 50g
バニラエッセンス ……… 3滴

[カラメルソース]
グラニュー糖 …………… 50g
水 ………………………… 10ml
湯 ………………………… 10ml

下準備

・卵はボウルに溶く。

作り方

1) カラメルソースを作る。鍋にグラニュー糖と水を入れて弱火にかける。色づいてきたら鍋をまわして水分をいきわたらせて色を均一にし、好みのカラメル色になる手前で火を止める。湯を一気に注ぎ、気泡がはねるのがおさまったら、熱いうちに約15gずつプリン型に等分する。

気泡が跳ねるので注意。大人の人といっしょにやってね！

2) 鍋に豆乳とグラニュー糖を入れて弱火にかけてゴムベラで混ぜ、沸騰直前で火を止める。卵を入れたボウルに少しずつ加えて泡立て器で混ぜ合わせ、バニラエッセンスを加える。別のボウルにこし器でこす。オーブンを150℃に温めはじめる。

3) 1の型に2を等分に流し入れる。プリン型4個が入る耐熱容器に並べ、型の1/3が浸かる程度に湯（分量外）を注ぐ。150℃のオーブンで30分湯煎焼きする。

4) 型ごと網にのせて冷ます。ラップをして冷蔵庫で1時間冷やす。パレットナイフを型の側面に沿わせて差し込み、空気を入れる。型に皿をかぶせてひっくり返して取り出す。

Recipe 46

スプーンちゃんクッキー

材料（9.5cmのスプーン15本）

バター（食塩不使用） … 30g
粉砂糖 …………………… 40g
薄力粉 …………………… 100g
卵黄 ……………………… 1/2個分
チョコペン（仕上げ用） … 1本

下準備

・バターは室温において柔らかくする。
・薄力粉はふるう。
・木製のスプーンを用意する。

作り方

1) ボウルにバターと粉砂糖を入れて泡立て器で混ぜる。

2) 薄力粉と卵黄を加えてゴムベラで混ぜ、生地がまとまったらラップで包んで冷蔵庫で30分休ませる。まとまらないときは、水大さじ1を少しずつ足す。

3) オーブンを180℃に温めはじめる。生地を5mm厚さにめん棒でのばし、スプーンよりひとまわり大きくナイフで切り抜く。スプーンの背に生地をのせて手で形を整える。

4) 180℃のオーブンで18分焼く。シートごと網にのせて粗熱がとれたらスプーンを外す。ぬるま湯で温めて柔らかくしたチョコペンで、スプーンちゃんの顔を描く。

チョコレートで作ったクレヨン。
色も味も個性いろいろ。

『くれよんのくろくん』

作：なかやみわ（童心社）

ずーっと新品のままだったクレヨンたち。ある日、箱から飛び出して画用紙にいろんな絵を描いて大喜び。ところが最後に残ったくろくんだけは仲間に入れてもらえません…。ラストは爽快！

Recipe 47

チョコレートの7色クレヨン

材料（11.5cm×2cmの棒チョコクランチ型 7色各2個分）

チョコレート（スイート、ミルク、ホワイト、ルビー）… 各20g
カカオバター ……………………………………… 60g
粉砂糖 ……………………………………………… 80g
抹茶パウダー フランボワーズパウダー ……… 各3g
紫イモパウダー …………………………………… 5g

作り方

1) ボウルにチョコレート4種類をそれぞれ入れて湯煎にかけ、50℃まで温めてゴムベラで混ぜる。湯煎から外し、27℃まで温度を下げたら、再び湯煎にかけて30℃まで温める（テンパリング）。型に流し入れ、冷蔵庫で冷やし固める。

2) 鍋に水を入れて弱火にかけ、上にボウルをおき、カカオバターと粉砂糖を入れて、ゴムベラでなめらかになるまで混ぜて溶かす。

3) 2を別のボウルに3等分し、抹茶パウダー、フランボワーズパウダー、紫イモパウダーをそれぞれに茶こしでふるい入れ、ゴムベラで混ぜ合わせる。型に流し、冷蔵庫で冷やし固める。

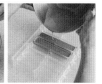

『ぼくはあるいた
　まっすぐまっすぐ』

作：マーガレット・ワイズ・ブラウン
文：坪井郁美
絵：林明子（ペンギン社）

ある春の日、「ぼく」はおばあちゃんの家へ1人で向かう。電話で教えてもらったとおり田舎道をまっすぐまっすぐ…。いろんなものに出会いながら、なんとか運良く最後にはおばあちゃんの家へ到着。ラストシーンのおばあちゃんのケーキがおいしそう。

おばあちゃんの　おうち
やっぱり　まっすぐだった

おばあちゃんの家を目指してまっすぐまっすぐ。
がんばったご褒美は、おばあちゃんのチョコレートケーキ。
たくさん召し上がれ。

Recipe 48

おばあちゃんのチョコレートケーキ

材料　（直径15cmのケーキ1台分）

卵 ……………………………… 4個
グラニュー糖 ………………… 110g

A
薄力粉 ………………………… 70g
ココア ………………………… 20g
コーンスターチ ……………… 30g
重曹 ……………………… 小さじ2

バター（食塩不使用） …… 40g

[チェリーソース]
チェリー（缶詰） ………… 1缶（439g）
粉寒天 ………………………… 2g

[チョコレートクリーム]
生クリーム（乳脂肪35%）… 100ml
グラニュー糖 ………………… 10g
チョコレートソース（市販）… 10g

[ホイップクリーム]
生クリーム（乳脂肪35%）… 200ml
グラニュー糖 ………………… 20g

[デコレーション]
シロップ ……………………… 50ml
（水50mlとグラニュー糖25gを
　火にかけて溶かす）
刻みチョコレート …………… 50g

下準備

・直径15cmの丸型2台にオーブン用
　シートを敷く。
・Aは合わせてボウルにふるう。
・バターは耐熱容器に入れてラップを
　し、電子レンジ（600W）で20秒を数
　回に分けて加熱して溶かす。
・絞り袋に星口金をセットする。
・チェリーは飾り用に6個取り出す。

作り方

1) ボウルに卵を入れ、ハンドミキサーでほぐす。グラニュー糖を加えて粒が見えなくなるまで混ぜたら、80℃の湯煎にかけて泡立てる。生地を指で触ってぬるいと感じる温かさになったら湯煎から外し、生地がもったりとするまでさらに泡立てる。生地をすくい上げ、リボン状に落ちた生地が表面に残る程度まで泡立てる。

2) オーブンを170℃に温めはじめる。Aを加えてゴムベラでさっくりと混ぜ、全体が混ざったらバターを加えて粉気がなくなるまで混ぜる。

3) ケーキ型2台に等分して流し入れ、170℃のオーブンで20分焼く。型から外して網にのせて冷ます。

4) チェリーソースを作る。鍋にチェリー（汁ごと）と粉寒天を入れてゴムベラで混ぜながら中火にかける。沸騰したら弱火にして2分煮る。粗熱がとれたら耐熱容器に入れ、ラップをして冷蔵庫に入れる。

5) チョコレートクリーム作る。ボウルに生クリームとグラニュー糖を入れて布巾で包んだ保冷剤の上におき、ハンドミキサーで6分立てにする。チョコレートソースを加えて混ぜ、7分立てにする。

6) ホイップクリームを作る。ボウルに生クリームとグラニュー糖を入れ、布巾で包んだ保冷剤の上におきハンドミキサーで8分立てにする（P.111参照）。

7) 3のスポンジ2台を横半分に切って計4枚にする。スポンジ1枚の断面に刷毛でシロップをうち、5のチョコレートクリーム、4のチェリーソース、6のホイップクリームを順にパレットナイフで塗り広げ、スポンジ1枚を重ねる。これを繰り返し、4枚目をのせたらシロップを塗る。

8) 残りのホイップクリームをケーキ全体に塗り広げ、刻みチョコレートを手でまぶす。残りのチョコレートクリームを絞り袋に入れてケーキ上面6箇所に絞り出し、チェリーを6個添える。

『めっきらもっきら
どおんどん』

さんざん遊んでお腹がすいたら
ふうわりあまくて、ほっぺたが
おちそうになる紅白もちを食べよう。

作：長谷川摂子
絵：ふりやなな（福音館書店）

日本を代表するファンタジー絵本。かん
たが大きな木の根っこの穴から落ちた
場所は何ともへんてこな世界。もんもん
びゃっこ、しっかかもっかか、おたから
まんちんと仲良くなり、時間を忘れて遊
ぶかんた。子どもが大好きな物語。

ほっぺたがおちる　求肥のアイスもち

材料（紅白各2個分）

【白】		【紅】	
白玉粉	……… 40g	白玉粉	……… 40g
上白糖	……… 30g	上白糖	……… 30g
水	……… 80ml	水	……… 80ml
		食用色素（赤）	…… ごく少量

バニラアイス（市販）… 470g

下準備

・バニラアイスは直径6cmのディッシャーで4個くり抜き、
　オーブン用シートを敷いたバットにのせて冷凍庫に入れる。
・バットに片栗粉（分量外）をたっぷり広げる。
・つま楊枝の先に食用色素をつけて【紅】の水80mlに溶かす。

作り方

1) 鍋に白玉粉と上白糖を入れ、水を少しずつ加えてゴムベラで混ぜて
　 溶かす。
2) 中火にかけ、まとまったら片栗粉を広げたバットに取り出して冷ま
　 す。等分して手で薄く広げ、バニラアイスを1個ずつ包み、余った生
　 地は手でちぎる。シートにのせて冷凍庫で冷やす。紅も同様に作る。

『モチモチの木 』

豆太が大好きだった
じさまのとちもち。
手軽に作れるレシピで再現。

文：斎藤隆介　絵：滝平二郎（岩崎書店）

豆太は夜中にひとりでおしっ
こにもいけない弱虫。でも大
好きなじさまが腹痛で動けな
くなった夜、じさまのために豆
太は必死で夜中の道を裸足の
ままかけて…。闇夜にモチモ
チの木が光る。真の勇気とは
何かを問いかける名作。

Recipe 50

とちもち

材料（11個分）

白玉粉	50g
上白糖	5g
とちのみペースト（市販）	30g
水	45ml
ゆであずき	20g

下準備

・ボウルに冷水を用意する。

作り方

1) ボウルに白玉粉、上白糖、とちの
みペーストを入れる。水を少しず
つ加えながら手でこね、耳たぶく
らいの柔らかさにする。約10gず
つ手にとって丸め、中央を親指で
軽く押してくぼみをつくる。

2) 鍋に湯を沸かして1を入れ、浮いてきたら、さらに1分ほど
ゆでる。網じゃくしで冷水にとる。器に盛り、ゆであずきを
添える。

『おちゃのじかんにきたとら』

作：ジュディス・カー
訳：晴海 耕平（童話館出版）

ソフィーとお母さんが、お茶の時間にしようと腰をおろした、ちょうどその時、玄関のベルがなり、一体誰かと思ったら、なんと玄関に立っていたのは大きなトラ。トラはティータイムを楽しんで帰っていく。

お茶の時間に突然あらわれたトラ。
一緒に楽しむティータイムには、スコーンにショートブレッド、
サンドイッチ、お花のビスケットなど、
イギリス流のすてきなティータイムのはじまり！

Recipe 51

スコーン

材料（4個分）

薄力粉 ······················ 200g
ベーキングパウダー ······ 小さじ2
グラニュー糖 ··········· 15g
バター（食塩不使用）···50g
クランベリー、イチヂク（ともにドライ）··· 各50g

A｜レモン果汁 ········ 小さじ1
　｜牛乳 ········· 100ml
牛乳（ツヤ出し用）········ 適量

下準備

・バターは1cm角に切ってラップで包んで冷蔵庫で冷やす。
・薄力粉とベーキングパウダーは合わせてボウルにふるう。
・容器にAを合わせる。
・天板にオーブン用シートを敷く。

作り方

1）ふるった粉類が入ったボウルにグラニュー糖とバターを加える。ナイフでバターを切るようにしながら粉と合わせ、バターが細かくなったら手のひらでこすり合わせて粉状にする。

2）1にAを少しずつ加えてゴムベラでさっくりと切るように混ぜ、まとまったら、クランベリーとイチヂクを加えて全体を混ぜ合わせる。オーブンを220℃に温めはじめる。

3）生地をめん棒で2cm厚にのばす。2つ折りにして4cm程度の厚さにし、直径5cmの丸型で抜く。

4）天板に並べ、表面に刷毛でツヤ出し用の牛乳を薄く塗る。220℃のオーブンで18分焼く。シートごと網にのせて冷ます。

Recipe 52

きゅうりの サンドイッチ

材料（4人分）

食パン（胚芽・8枚切り）··· 8枚
バター（食塩不使用）······40g
きゅうり······················ 1本
スプラウト ··············· 1パック
オリーブオイル ··········· 大さじ1
塩　こしょう ·············· 各適量

下準備

・バターは室温において柔らかくする。
・きゅうりはピーラーで縦に薄くスライスする。

作り方

1）パンは2枚1組にし、内側になる面にバターを薄く塗る。

2）ボウルにきゅうり、スプラウト、オリーブオイルを入れ、塩、こしょうをふって混ぜ合わせる。

3）1に2をサンドし、ナイフで横半分に切る。

Recipe 53

ショートブレッド

材料（直径18cmのタルト型1台分）

バター（食塩不使用）……… 90g
薄力粉 ………………………… 120g
ベーキングパウダー …… 小さじ1/2
グラニュー糖 ………… 35g

下準備

・バターは室温において柔らかくする。
・薄力粉、ベーキングパウダー
　は合わせてボウルにふるう。

作り方

1) ボウルにバターを入れ、泡立て器で白っぽくなるまで混ぜ、グラニュー糖を加えてさらにすり混ぜる。ふるった粉類を加えてカードで混ぜ、生地がまとまったらラップで包んで冷蔵庫で30分休ませる。

2) オーブンを160℃に温めはじめる。生地をめん棒で1cm厚の円形にのばし、型にのせて余分な生地を切り落とす。

3) 表面にナイフで放射状に筋を入れ、竹串で穴をあける。

4) 160℃のオーブンで25分焼く。粗熱がとれたらグラニュー糖（分量外）をまぶす。

Recipe 54

お花のビスケット

memo
生花より押し花タイプを使うと仕上がりがきれいに。

材料（直径6cmの型8枚分）

バター（食塩不使用）…… 30g
粉砂糖 ……………………… 40g
薄力粉 ……………………… 100g
卵黄 ………………………… 1/2個分
卵白 ………………………… 1個分
エディブルフラワー（押し花タイプ）
　　　　　　　………… 8枚

下準備

・バターは室温において柔らかくする。
・薄力粉はふるう。
・天板にオーブン用シートを敷く。

作り方

1) ボウルにバターと粉砂糖を入れ、泡立て器ですり混ぜる。薄力粉と卵黄を加えて混ぜ、生地がまとまったらラップで包んで冷蔵庫で30分休ませる。

2) オーブンを180℃に温めはじめる。生地をめん棒で5mm厚にのばし、好みの型で抜く。天板に並べ、クッキーの表面に刷毛で卵白を塗り、エディブルフラワーを貼りつける。

3) 180℃のオーブンで13分焼く。シートごと網にのせて冷ます。

1巻キャベツとソーセージ　2巻チョウのレバーのパテ、パイ皮くるみ　3巻キノコの
ジェリー、仔牛のカブトの角　4巻ロブスター・サラ・ベルンハルト　5巻チキン・
トリー・ラスプーチン　6巻仔羊の丸焼きシンデレラ風　7巻人喰い鬼のお菓子にり、
くだもののさとうづけ、レディーフィンガー・ビスケット、アイスクリーム・ケーキ

作：トミー・ウンゲラー（評論社）
訳：たむらりゅういち、あそうくみ

ゼラルダは料理を作るのが大好き。あ
る日、子どもを喰う恐ろしい人喰い鬼と
出会うが、腹ぺこだった鬼を可哀想に
思ったゼラルダは、得意の料理をふる
まい…。怖くて、面白い、国際アンデル
セン賞受賞作家の傑作絵本。

『ゼラルダと人喰い鬼』

お料理が大好きなゼラルダがつくるメニューは、
人喰い鬼だって幸せになるおいしさ。
今晩のメニューは、人喰い鬼のお気に入り、
「くだもののさとうづけ」と
「レディーフィンガー・アイスケーキ」をどうぞ。

Recipe 55

レディーフィンガー・アイスケーキ

材料（直径15cmのケーキ1台分）

卵白 …………………… 1個分
卵黄 …………………… 1個分
グラニュー糖 …………… 30g
薄力粉 ………………… 30g
粉砂糖 ………………… 20g

[アイスクリーム]
クリームチーズ ……… 100g
マスカルポーネチーズ … 100g
グラニュー糖 ………… 60g
レモン果汁 …………… 大さじ3
生クリーム（乳脂肪35%）… 200ml

[仕上げ用]
生クリーム（乳脂肪35%）… 100ml
グラニュー糖 ………… 10g
フランボワーズ ………… 10個

下準備

・薄力粉はふるう。
・天板にオーブン用シートを敷く。
・オーブンは170℃に予熱する。
・クリームチーズとマスカルポーネ
　チーズはボウルに入れて室温にお
　いて柔らかくする。
・絞り袋3つに丸口金（10mm）、サン
　トノーレ口金（12mm）、星口金（7切
　／15mm）をそれぞれセットする。

作り方

1) レディーフィンガーを作る。ボウルに卵黄を入れて泡立て器で混ぜる。

2) 別のボウルでメレンゲを作る（作り方はP.17の2を参照）

3) 2のメレンゲを3回に分けて1に加え、ゴムベラで
さっくりと混ぜる。薄力粉を加えて粉気がなくな
るまで混ぜる。丸口金をセットした絞り袋に入
れ、長さ8cmの棒状に絞り出す。茶こしで粉砂
糖をふるい、冷蔵庫で10分冷やす。オーブンを
170℃に温めはじめる。

4) 3を取り出し、再び茶こしで粉砂糖をふるう。170℃のオーブンで13分焼く。
シートごと網にのせて冷ます。

5) アイスクリームを作る。クリームチーズとマスカ
ルポーネチーズを泡立て器で混ぜ、グラニュー
糖、レモン果汁、生クリームを少しずつ加えてな
めらかになるまで混ぜる。ラップを敷いたボウ
ルに流し入れ、冷凍庫で3時間冷やし固める。

6) ボウルに生クリームとグラニュー糖を入れ、布巾で包んだ保冷剤の上にお
き、ハンドミキサーで8分立てにする（P.111参照）。等分して絞り袋にそれ
ぞれ入れる。

7) 5を逆さにして皿に取り出し、レディーフィン
ガーを側面に貼りつけ、サントノーレ口金をセッ
トした6で隙間を埋める。

8) ケーキの上面に星口金をセットした6で飾り絞
りをしてフランボワーズをのせる。

Recipe 56

くだもののさとうづけ

材料（6人分）

水 ……………………… 1000ml
グラニュー糖 ………… 1200g
洋梨 ……………………… 2個
レモン、オレンジ ……… 各1個
キンカン ……………… 11個

下準備

・洋梨1個は縦4等分して種をとる。
　もう1個は皮をむく。
・レモンは横半分に切る。
・オレンジは縦4等分する。
・キンカンはつま楊枝で皮をまんべ
　んなく刺す。

作り方

1) 鍋に湯（分量外）を沸かし、レモンとオレンジを1分ゆでて冷水に
　あげる。

2) 鍋に水、グラニュー糖500g、すべてのフルーツを入れて中火にかけ
　る。約40分加熱して洋梨が透明になったら火を止める。耐熱容器に
　シロップごと入れて粗熱がとれたらラップをして室温に2日おく。

3) 2日後、フルーツは別の容器に取り出す。シロップは鍋に入れてグ
　ラニュー糖100g加えて中火で煮詰めたら、フルーツの入った容器
　に戻し入れる。冷めたらラップをして室温におく。この作業を2日お
　きに計7回繰り返す（約2週間かかる）。シロップの糖度をあげるこ
　とで、透明感のあるフルーツの砂糖漬けになる。

「あくたれラルフ」のシリーズに何度か登場するポップコーンの山。
ラルフみたいに大胆に山盛りに！

『あくたれラルフ』

作：ジャック・ガントス
絵：ニコール・ルーベル
訳：いしいももこ（童話館出版）

セイラのねこ、ラルフはあくたれ。でもセイラは
からかわれても、パーティを台無しにされても
ラルフのことが好き。いつもめちゃくちゃであ
くたれなラルフだが、どこか憎めず、まるで小
さな誰かさんみたいに愛おしい。

Recipe 57

キャラメルポップコーン　チョコレートがけ

材料（4人分）

とうもろこし（ポップコーン用）… 50g
水 ……………………………… 20ml
ブラウンシュガー ……………… 100g
バター（食塩不使用）………… 50g
チョコレート（ミルク）………… 20g

下準備

・チョコレートは60℃湯煎にかけて溶かす。

作り方

1) フライパンにサラダ油大さじ1（分量外）と、とうもろ
   こし3粒を入れて蓋をして強火にかける。とうもろこし
   が弾けたら中火にし、残りのとうもろこしを入れてとき
   どきフライパンを揺すりながら炒る。弾ける音がおさ
   まったら火からおろし、ボウルにあけて粗熱をとる。

2) 鍋に水とブラウンシュガーを入
   れて中火にかけ、かき混ぜず、
   シュガーが溶けたら火を止め
   る。バターを加え、ゴムベラで
   混ぜながら余熱で溶かす。

3) 1に2をまわしかけ、ゴムベラで全体を混ぜ合わせる。スプーンでチョコレートをまわ
   しかける。

ウエズレーが自分で育てた
不思議な果物のジュースは多分、こんな味?
ウエズレーみたいに自分だけの味を作ってみて。

『ウエズレーの国 』

作：ポール・フライシュマン
絵：ケビン・ホークス
訳：千葉 茂樹（あすなろ書房）

みんなと違うという理由で仲間はずれにされていた少年ウエズレーが夏休みの自由研究に、自分だけの作物を育て、自分だけの服を作り、遊びを考えだし、文字まで発明して、「自分だけの文明」を作り出す爽快な物語。

Recipe 58

謎のくだものジュース

材料（2人分）

[ピーチネクター]
白桃（缶詰）……………… 100g
白桃シロップ（缶詰）… 20ml
氷 ……………………… 100g
炭酸水 …………………50ml

[ストロベリーネクター]
いちご ………………… 100g
氷 ……………………… 100g
はちみつ ……………… 20g
炭酸水 …………………50ml

りんご（飾り用）……… 2個

作り方

1) いちごはへたをとる。りんごは上部を切り落とし、8箇所切り込みを入れてくり抜き、角を整えて花の形にする。

2) ミキサーにピーチネクターの材料をすべて入れて撹拌する。ストロベリーネクターも同様にする。

3) グラスにピーチネクター、ストロベリーネクターを順に半量ずつ注ぎ入れる。りんごの花に切り込みを入れてグラスに差し込む。

『ばばばあちゃんのアイス・パーティ』

作：さとうわきこ
（福音館書店）

ばばばあちゃんと一緒に、子どもたちが冷たい氷のお菓子を作って遊ぶ科学絵本。凍ったり、凍らなかったり、混ざったり、混ざらなかったりと、楽しみながら実験感覚で学べる。

真夏でも元気な"ばばばあちゃん"みたいに、
好きなお菓子やフルーツを冷やして氷のお菓子を作ってみよう！
暑い日に熱いお風呂で食べると、特別おいしいんだって！

Recipe 59

ヨーグルトバーグ

材料（15cm角のバット1枚分）

ギリシャヨーグルト … 200g
はちみつ ………… 大さじ1
板チョコレート ……… 30g
マーブルチョコレート … 20g

作り方

1) ボウルにヨーグルトとはちみつを入れ、スプーンでよく混ぜる。

2) オーブン用シートを敷いたバットに流し入れ、板チョコレートを手で割り入れ、マーブルチョコレートを散らす。冷凍庫で3時間冷やし固め、好みの大きさに割る。

Recipe 60

ヨーグルトバーグ チョコバナナ

材料（15cm角のバット1枚分）

ギリシャヨーグルト……… 200g
チョコレートソース（市販）… 大さじ1
バナナ ……… 1/3本
チョコフレーク … 10g

作り方

1) ボウルにヨーグルトとチョコレートソースを入れ、スプーンでよく混ぜる。

2) オーブン用シートを敷いたバットに流し入れ、輪切りにしたバナナを並べ、チョコレートフレークを散らす。冷凍庫で3時間冷やし固め、好みの大きさに割る。

Recipe 61

お花の氷の器

材料（15cmボウル1個分）

水 ………………………… 200ml
タイム、エディブルフラワー … 各適量

作り方

1) ボウルの半分に水を入れる。タイムを入れ、エディブルフラワーの表面を下にして入れる。ひとまわり小さなボウルを重ね、上部をテープで固定する。冷凍庫で5時間冷やし固める。少し室温において氷が溶けたところでボウルから取り出す。

いちごミルクの一口アイス

材料（カヌレ型12個分）

いちご ················ 8個（150g）
生クリーム ············· 80ml

作り方

1) いちごはヘタをとってポリ袋に入れて手でつぶす。

2) ボウルに生クリームを入れ、布巾で包んだ保冷剤の上におき、ハンドミキサーで6分立てにする。1を加えてゴムベラで混ぜ合わせる。

3) 型に流し入れ、スプーンを刺して冷凍庫で3時間冷やし固める。

Recipe 63

ハーブティーの氷

材料（12個分）

ミントの葉 ············· ひとつまみ
お湯 ················ 200ml
好みのティーバッグ … 1包

作り方

1) 湯にティーバッグを入れて紅茶を煮出して冷ます。

2) 製氷皿にミントを小分けに入れ、上から紅茶を注いで冷凍庫で3時間冷やし固める。

Recipe 64

冷凍パイナップル

材料（6個分）

パイナップル（缶詰・輪切り）… 2枚
ドレンチェリー（赤）············ 6個

作り方

1) パイナップル1枚を3等分にし、計6枚にする。ピックにパイナップル、ドレンチェリーを順に刺す。オーブン用シートを敷いたバットに並べて冷凍庫で1時間冷やし固める。

Recipe 65

ミカンの氷

材料（12個分）

ミカン（缶詰）············12個
水 ················150ml

作り方

1) 製氷皿にミカンを1個ずつ入れ、上から水を注いで冷凍庫で3時間冷やし固める。

小さな娘たちが偶然発見した作り方で、
7種類のアイスクリームを作ってみて。
王さまもうなるおいしさ!

『王さまのアイスクリーム』

文：フランセス・ステリット
訳：光吉夏弥
絵：土方重巳（大日本図書）

まだアイスクリームがなかったころのお話。
暑い日には、できるだけ冷たいクリームを
もってこいという気難しい王さまの命令。あ
る日、氷売りがやってきて偶然と失敗が重
なって…。小さな子でも読める幼年童話。

Recipe 66

1週間のアイスクリーム

材料（7個分）

氷	300g
塩	30g

【月曜日のストロベリー】

生クリーム（乳脂肪35%）	50ml
牛乳	50ml
いちごジャム（市販）	50g
いちご（飾り用）	適量

【火曜日のラズベリー】

生クリーム（乳脂肪35%）	50ml
牛乳	50ml
ラズベリージャム	50g
フランボワーズ（飾り用）	適量

【水曜日のバニラ】

生クリーム（乳脂肪35%）	50ml
牛乳	50ml
グラニュー糖	15g
オリーブオイル	大さじ1
ワッフル（飾り用）	適量

【木曜日のチョコレート】

生クリーム（乳脂肪35%）	50ml
牛乳	50ml
チョコレートソース（市販）	大さじ1

【金曜日のピーチ】

ヨーグルト（無糖）	100g
桃（缶詰）	30g
桃のシロップ（缶詰）	10g

【土曜日のレモン】

ヨーグルト（無糖）	100g
グラニュー糖	15g
レモン果汁	10ml
レモン（飾り用）	適量

【日曜日のチェリー】

生クリーム（乳脂肪35%）	50ml
牛乳	50ml
チェリー（缶詰）	30g

下準備

・大きな保存袋に氷と塩を入れる。
・チェリーはナイフで半分に切る。

作り方

1) 小さな保存袋にアイスクリームの
　材料をそれぞれ入れてとじる。

2) 氷と塩を入れた袋に1を入れて
　とじ、タオルで袋を巻いて3分
　ほど上下に振る。

アリスのお茶会は不思議がいっぱい。
実物大のトランプクッキーと
ピンク色に変わるレモネードで、
アリスと一緒に不思議な世界へ迷い込んで

『不思議の国のアリス』

作：ルイス・キャロル
絵：アーサー・ラッカム
訳：高橋康也・迪（新書館）

キャロルの不滅の傑作読み物。チェシャ猫やおかしな帽子屋や三月ウサギなどお馴染みのキャラクターが続々登場し、小学生から大人まで楽しく読める。アーサー・ラッカムの幻想味あふれるカラー挿画入り。

Recipe 67

トランプのクッキー

材料（6cm×8cm　6枚分）

[いちごジャム]

いちご	150g
はちみつ	70g
レモン果汁	小さじ1
粉寒天	1g

[クッキー]

バター（食塩不使用）	60g
粉砂糖	80g
薄力粉	200g
卵黄	1個分
粉砂糖（仕上げ用）	適量

下準備

- バターは室温において柔らかくする。
- 薄力粉はふるう。
- いちごはヘタをとり、4等分にする。
- 鍋にジャムの材料をすべて入れて水分が出るまで15分ほどおく。
- コルネを1枚用意する
- 天板にオーブン用シートを敷く。

作り方

1) いちごジャムを作る。材料をすべて入れた鍋を中火にかけ、ゴムベラで混ぜながら煮る。混ぜたときに鍋底が見えるくらいにとろみがついたら火を止めて冷ます。こし器でこしながら容器に入れ、ラップをして冷蔵庫で冷やす。

2) クッキーを作る。ボウルにバターと粉砂糖を入れて泡立て器で混ぜる。薄力粉と卵黄を加えてゴムベラで混ぜ、生地がまとまったらラップで包んで冷蔵庫で30分休ませる。まとまらないときは、水大さじ1を少しずつ足す。

3) オーブンを180℃に温めはじめる。生地をめん棒で5mm厚さにのばし、6cm×8cmの長方形にナイフで切り抜き、計12枚作る。6枚の中央をハート、スペード、ダイヤ、クローバーの型で抜く。天板に並べる。

4) 180℃のオーブンで13分焼く。シートごと網にのせて冷ます。

5) 長方形のクッキーにいちごジャムを刷毛で塗り、型抜きしたクッキーを重ねる。粉砂糖を茶こしで全体にふるう。

6) 残りのいちごジャムをコルネに入れ、型抜きしたところを埋める。

Recipe 68

色が変わる不思議な

ホットラベンダー

材料（2人分）

ラベンダー（ハーブ）	ティースプーン2杯
レモン（輪切り）	2枚

作り方

1) ティーポットにラベンダーを入れ、お湯350mlを注いで3分ほど蒸す。

2) ティーカップに1を注ぎ、飲む前にレモンを入れると色が変わる。

レモンゼリーを食べながらジュディが思いついたのは
体育館のプールがレモンゼリーでいっぱいになったら、というもの。
甘酸っぱくて爽やかなプールは、
泳ぐよりも食べることに夢中になりそう!?

『あしながおじさん』

作:ジーン・ウェブスター
訳:谷川俊太郎
絵:安野光雅(朝日出版社)

孤独だった少女が持ち前の明るさと想像力をもって、たくましく才能を開花させていく。奨学金をくれた顔の知らない裕福な紳士にむけた、ふてくされたり、調子に乗ったり、落ち込んだり、大喜びしたりと表情豊かなジュディの手紙。

Recipe 69

プールのようなレモンゼリー

材料(1ℓ分)

レモン果汁	400ml
はちみつ	100g
水	400ml
板ゼラチン	16g
レモン	1個
ミント	適量

下準備

・板ゼラチンはたっぷりの水でふやかす。

・レモンは幅3mmの輪切りにする。

・器は水にくぐらせて濡らす。

作り方

1) 鍋にレモン果汁、はちみつ、水を入れて弱火にかけ、ゴムベラで混ぜながらひと煮立ちしたら火を止める。ゼラチンの水気を手でよく絞って鍋に加えて溶かす。

2) 器に注ぎ入れてレモンを並べる。冷蔵庫で1時間冷やし固めてミントを添える。

『小さなスプーンおばさん』

小さなスプーンおばさんはノルウェーの物語。
カルダモンがほんのり香る、薄くて柔らかなノルウェーワッフルをお届け。
好きな具をのせてコーヒーブレイクや朝ごはんにどうぞ。

作：アルフ・プリョイセン
絵：ビョールン・ベルイ
訳：大塚勇三（学研）

突然、スプーンくらいの大きさになる
スプーンおばさん。小さくなると不思
議なことに動物の言葉が話せるよう
になり、いつも犬やネコなど動物たち
の力をかりて危機を切り抜ける。笑い
と空想にみちた物語。

Recipe 70

ノルウェーワッフル

材料
（直径 16cm のハート型ワッフル 5 枚分）

バター（食塩不使用）……	35g
グラニュー糖 …………	20g
卵 ……………………	2個
牛乳 …………………	140ml
薄力粉 ………………	100g
重曹 …………………	小さじ1
カルダモン（粉末）……	小さじ1

[トッピング]

カッテージチーズ ……	適量
ベリー類（コケモモ、いちご、 フランボワーズ）……	適量

下準備

・バターは室温において柔らかくする。
・薄力粉と重曹は合わせてボウルにふるう。
・ワッフルメーカーは予熱する。
・いちごは好みで縦1/2に切る。

作り方

1) ボウルにバターとグラニュー糖を入れ、泡立て器で混ぜる。全体が混ざったら、溶きほぐした卵と牛乳を加えてなめらかになるまで混ぜる。

2) ふるった粉類とカルダモンを加えて粉気がなくなるまで混ぜる。

3) お玉を使って 2 をワッフルメーカーの9分目まで流し入れ、蓋をして焼く。網にのせて冷ます。

4) 好みでカッテージチーズ、ベリー類を盛る。

作：オトフリート・プロイスラー
訳：中村浩三（偕成社）

おばあさんの大切なコーヒー挽きを、大どろぼうホッツェンプロッツに盗まれてしまった！大魔法使いツワッケルマンや妖精も登場。少年カスパールとゼッペルの大活躍が痛快な物語。

『大どろぼうホッツェンプロッツ』

大どろぼうに盗まれたおばあさんの大切なコーヒー挽きを、
少年カスパールとゼッペルがやっとの思いで取り戻し、
おばあさんの部屋でゆっくりいただくコーヒーとプラムケーキ。
生クリームをたっぷりかけてどうぞ。

プラムケーキ

材料（直径15cmの丸型1台分）

A
薄力粉 ……………… 180g
アーモンド粉 ………… 20g
ベーキングパウダー …小さじ1
シナモンパウダー …… 小さじ1
カルダモン …………… 小さじ1

バター（食塩不使用） …… 70g
グラニュー糖 …………… 60g
卵 ……………………… 1個
牛乳 …………………… 70ml
プラム コンポート（市販）… 60g

［クリーム］
生クリーム（乳脂肪35%）…… 100ml
グラニュー糖 ……………… 10g

下準備

・Aは合わせてボウルにふるう。
・バターは室温において柔らかくする。
・型にオーブン用シートを敷く。
・絞り袋に星口金（8切8mm）をセットする。

作り方

1) ボウルにバターを入れて泡立て器で白っぽくなるまで混ぜる。グラニュー糖を加えてさらにすり混ぜる。卵を加えてなめらかになるまで混ぜる。

2) 1にふるったAの半量を加えてゴムベラでさっくりと混ぜ、牛乳の半量を加え、なめらかになるまで混ぜる。残りのAを加えて混ぜ、牛乳を加えて粉気がなくなるまで混ぜる。オーブンを170℃に温めはじめる。

3) 型に2の生地の2/3量を入れ、スプーンでプラムコンポートを塗り広げる。

4) 残りの生地を絞り袋に入れ、格子状に絞り出す。さらに円周に沿って絞り出す。

5) 170℃のオーブンで45分焼く。型から外して網にのせて冷ます。

6) クリームを作る。ボウルに生クリームとグラニュー糖を入れ、布巾で包んだ保冷剤の上におき、ハンドミキサーで8分立てにする。切り分けたケーキに添える。

泡立てのとき、氷水の代わりに大きめの保冷剤を敷くと、水が入る心配がなく便利。

泡立て器ですくい上げると、柔らかいツノが立つ状態が「8分立て」。これ以上撹拌しすぎると脂肪分が壊れてクリームがボソボソになるので気をつけて。

チュウチュウ通りの仲間たちがみんなで取り分けられる
ホールチーズケーキをご用意。
外はふんわり、中はしっとりとろける食感が魅力。
中にはレーズンが隠れているよ。
まるでチーズ部屋に隠れていたバートみたい！

『ゴインキョとチーズどろぼう』

「はい、そうです」

バートが、顔をかがやかせながら、答えました。

ゴインキョは、とてもしあわせでした。なにもかも、うまくいったのです。

ただし、ひとつだけ、まだ気になることがありました。

そこで、チュウチュウ通りのみんなを見まわして、いいました。

「わしは、おなかがぺこぺこなんじゃ。さあ、みなさんいっしょに、真夜中のチーズ・パーティをはじめようじゃないか」

チュウチュウ通り一番地では、その夜、せいだいなパーティがひらかれ、みんなおいしいチーズがたくさんふるまわれたのでした。

46

作：エミリー・ロッダ
訳：さくまゆみこ
絵：たしろちさと（あすなろ書房）

ハツカネズミのすむネコイラン町のチュウチュウ通りの1番地に住むのは、お宝チーズをいっぱいもってるお金もちネズミのゴインキョ。でも、ある夜そのお宝をねらって…。小学校低学年から楽しめるハンディな絵童話。

Recipe 72

みんなのチーズケーキ

材料（直径15cmの丸型1台分）

クリームチーズ …………	100g	［メレンゲ］	
マスカルポーネチーズ …	200g	卵白 …………………………	2個分
グラニュー糖 ……………	30g	グラニュー糖 ………………	30g
卵黄 ………………………	2個分		
コーンスターチ …………	20g	［土台］	
牛乳 ………………………	100ml	全粒粉ビスケット（市販）…	60g
レモン果汁 ………………	1/2個分	バター（食塩不使用）……	10g
バター（食塩不使用）……	60g	レーズン …………………	20g

下準備

・クリームチーズとマスカルポーネチーズは室温において柔らかくする。
・型にオーブン用シートを敷く。
・バターはそれぞれ耐熱容器に入れてラップをし、電子レンジ（600W）
　で20秒を数回に分けて加熱して溶かす。

作り方

1) 土台を作る。ビスケットを袋に入れてめん棒で細かく砕き、ボウルに入れる。溶かしバターを加えてゴムベラで混ぜ合わせる。型の底に敷き詰めてレーズンを散らす。

2) ボウルにクリームチーズとマスカルポーネチーズを入れて泡立て器で混ぜ、柔らかくなったらグラニュー糖、卵黄、コーンスターチ、牛乳、レモン汁を順に加えて混ぜる。溶かしバターを加えてゴムベラでなめらかになるまで混ぜる。オーブンを170℃に温めはじめる。

3) メレンゲを作る（作り方はP.17の2を参照）。

4) 2に3のメレンゲを加え、ゴムベラで底からすくうようにしながらメレンゲの塊がなくなるまで混ぜ合わせる。1に流し入れる。

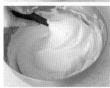

5) 4をひとまわり大きな耐熱容器に入れ、型の1/3が浸かる程度にお湯（分量外）を注ぐ。160℃に下げたオーブンで50分焼く。

6) 型のまま網にのせて冷ます。冷蔵庫で1日冷やす。

『マッチうりの少女』

原作：アンデルセン
文・絵：いもとようこ（金の星社）

世界の名作をいもとようこの
美しいイラストで贈る絵本新シ
リーズの第1弾。大晦日の雪の
夜、貧しい少女がマッチを売り
歩く。でも1本も売れず、凍えた
少女がマッチを1本すってみる
と暖かな炎が見え…。

マッチの炎の先に見た、幸せで温かで
おいしそうな光景。少女が思い描いた
クリスマスケーキを、チョコレート一色で表現しました。
甘くビターなチョコレートケーキを召し上がれ。

Recipe 73

クリスマスのチョコレートケーキ

材料（直径15cmのケーキ1台分）

スポンジ（市販・直径15cm）… 2台
生クリーム ……………… 100ml
グラニュー糖 …………… 10g
いちご ……………………… 12粒
バター（食塩不使用）…… 150g
粉砂糖 ……………………… 180g
チョコレート（ミルク）…… 160g
シロップ ………………… 50ml
（水50ml、グラニュー糖25gを
合わせて火にかける）
さくらんぼ ……………… 8個

下準備

・スポンジ2台は横半分に切って計4
枚にする。
・いちごはヘタをとって縦に薄くスラ
イスする。
・絞り袋に星口金（8切8mm）と丸口金
（3mm）、バラ口金をセットする。
・バター室温において柔らかくする。

作り方

1) ボウルに生クリームとグラニュー糖を入れ、布巾で包んだ保冷剤の上にお
き、ハンドミキサーで8分立てにする（P.111参照）。

2) スポンジ1枚に刷毛でシロップをうつ。1をパレットナイフで塗り広げたらいち
ごを並べ、上からスポンジ1枚を重ねる。これを繰り返し、4枚目をのせたら
シロップをうつ。

3) チョコレートクリームを作る。ボウルにバターと粉砂糖を加えて泡立て器で混
ぜ、湯煎で溶かしたミルクチョコレートを加えて混ぜ合わせる。

4) 2を3のチョコレートクリームでコーティングし、さくらんぼを飾る。

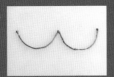 →  →

丸口金をセットした絞り袋に
入れたチョコレートクリーム
でアーチを描く

バラ口金をセットした絞り袋
に入れたチョコレートクリーム
をアーチに沿って、上下にジ
グザグしながらフリルを作る。

丸口金をセットしたチョコ
レートクリームで、アーチと
フリルの隙間を埋めるよう
に絞る。

Recipe 74

マッチ棒クッキー

材料（6cm×5mm角40本分）

バター（食塩不使用）… 30g
粉砂糖 ………………… 40g
薄力粉 ………………… 100g
卵黄 …………………… 1/2個分
チョコレート（ミルク）… 20g

下準備

・バターを室温において柔らか
くする。
・薄力粉をふるう。
・天板にオーブン用シートを敷く。

作り方

1) ボウルにバターと、粉砂糖を入れてすり混ぜる。

2) 薄力粉と卵黄を加えて混ぜ、まとまったらラップに包んで冷蔵庫で
30分休ませる。

3) オーブンを180℃に温めはじめる。2をめん棒でのばして、6cm×
5mmの棒状にカットする。オーブンで10分焼く。

4) 粗熱が取れたら、クッキーの先に60℃の湯煎で溶かしたチョコレー
トをつける。

『若草物語』

作：L.M.オルコット　文：薫くみこ
絵：こみねゆら（ポプラ社）

おしゃれなメグと、勝ち気なジョー、内気なベスに、おしゃまなエイミー。個性ゆたかな四姉妹がそろえば夢と希望が咲き誇る。世界中で愛され読みつがれてきた名作を現代の児童文学作家が小学校低学年から読めるように描いた。

愛らしい四姉妹をイメージして
生クリームをフリルのように飾れば
ピンクの可憐なドレスのよう。

Recipe 75

ラズベリーのブランマンジェ

材料（直径16cmのクグロフ型1台分）

アーモンドミルク ‥‥‥‥‥ 240ml
生クリーム（乳脂肪35%）‥‥ 160ml
グラニュー糖 ‥‥‥‥‥‥ 40g
板ゼラチン ‥‥‥‥‥‥‥ 10g
フランボワーズピューレ ‥‥‥ 100g

[クリーム]
生クリーム（乳脂肪35%）‥‥ 100ml
グラニュー糖 ‥‥‥‥‥‥ 10g

下準備

・板ゼラチンはたっぷりの水でふやかす。
・氷水を用意する。
・型は水にくぐらせて濡らす。
・絞り袋に星口金（8切8mm）をセットする。

作り方

1) 鍋にアーモンドミルク、生クリーム、グラニュー糖を入れて弱火にかけ、ゴムベラで混ぜながら溶かし、沸騰直前で火を止める。水気を切ったゼラチンを鍋に加えて溶かす。

2) ピューレを加えて氷水にあてながらゴムベラでさらに混ぜ、とろみをつける。

3) 型に流し入れ、冷蔵庫で1時間冷やす。

4) クリームを作る。ボウルに生クリームとグラニュー糖を入れ、布巾で包んだ保冷剤の上におき、ハンドミキサーで8分立てにする（P.111参照）。絞り袋に入れる。

5) 3をひとまわり大きい耐熱容器に入れ、30℃程度のお湯（分量外）を注ぎ、1分ほどつけると型から外しやすくなる。型に皿をかぶせてひっくり返して取り出す。4のクリームを絞る。

プラム プディング

材料
(直径 15cm のプディング型1台分)

パン ……………………… 120g
＊本書は市販のロールパンを使用
卵 ………………………… 2個
水 ……………………… 250ml
バター（食塩不使用）… 120g
グラニュー糖 ………… 100g

ミンスミート＊ …………… 100g

＊ミンスミートは、ドライフルーツを
洋酒に漬け込んだもの。本書で
はプラムプディングと、シュトレン
（P43）で使います。

[キャラメルソース]
グラニュー糖 …………… 100g
水 ……………………… 10ml
生クリーム …………… 50ml

下準備 ・型にバター（分量外）を塗る。

作り方

1) 鍋にバター100gと水を入れて中火にかけ、ゴムベラ
で混ぜてバターが溶けたら火を止める。

2) オーブンを190℃に温めはじめる。ボウルにパンを
細かくちぎって入れる。1のバターをかけ、フォーク
でパンを潰しながら染み込ませる。グラニュー糖と
溶きほぐした卵を加えて泡立て器で混ぜる。

3) 全体が混ざったらミンスミートを加えてゴムベラで
全体を混ぜ合わせる。

4) 型に流し入れ、バター20gを手でちぎって散らす。
190℃のオーブンで45分焼く。粗熱がとれたら型か
ら外す。

5) キャラメルソースを作る。鍋にグラニュー糖と水を入れて中火にかける。かき混
ぜずに加熱し、好みのカラメル色になったら、火を止めて生クリームを一気に
注ぎ、4にかける。

---

memo

ミンスミート
材料（つくりやすい分量）と作り方

ボウルに1cm角に切ったドライのプ
ルーン、レーズン、イチヂク、あんずを
各40g、さいの目に切ったりんご1個
を入れ、上からラム酒200mlを注ぎ、
清潔な密閉容器に入れて冷蔵庫で3
週間保存可能。途中、容器の底から
スプーンで混ぜると全体がなじむ。

野獣が元の姿に戻れる期限は手元にあるバラの花が枯れるまで。
運命の人を意味する赤いバラを、透明なゼリーに閉じ込めて。

『美女と野獣』

文：ジョーンズ・アーシュラ
絵：ギブ・サラ
訳：石井睦美（BL出版）

誰よりも美しい娘ビューティーと、この世で最も恐ろしく、醜い野獣。ふたりの心が通い合った時、永遠の愛が生まれるラブ・ストーリー。相手の見た目にとらわれず、真実の愛を手に入れることができれば呪いの魔法はとける。

Recipe 77

りんごのバラのゼリー

材料
（直径 12cm の半球耐熱容器 1 個分）

りんご ………………… 1個

＊紅玉がおすすめ

レモン ………………… 1/4個

［ゼリー］

水 ………………… 150ml

グラニュー糖 ……… 15g

アガー ………………… 5g

下準備
・容器は水にくぐらせて濡らす。

作り方

1) りんごは皮付きのまま薄くスライスする。耐熱容器に入れ、その上からレモンの果汁を絞る。ラップをして電子レンジ（600W）で2分加熱する。

2) りんごを1.5cmほど重ねながら横に並べ、端から巻く。半球の耐熱容器にりんごの皮部分が下になるように入れる。

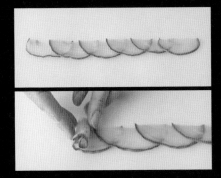

3) ゼリーを作る。鍋に水とグラニュー糖を入れ、中火にかける。アガーを少しずつ加えながら、泡立て器で泡が立たないようにやさしく混ぜて溶かす。火を止める。

4) 2に3を注ぎ、冷蔵庫で40分冷やし固める。ひっくり返して皿に盛る。

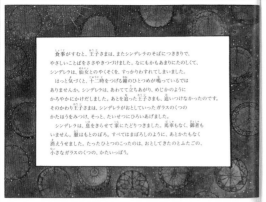

『シンデレラ』

童話：シャルル・ペロー
絵：エロール・ル・カイン
訳：中川千尋（ほるぷ出版）

魔法の力ですてきなドレスを身に付けてお城へ行き、小さなガラスの靴を置き忘れた美しいお姫さま。誰もが知る「シンデレラ」の話をイメージの魔術師エロール・ル・カインが優美に仕上げた絵画のような絵本。

Recipe 78

お姫さまのドレスケーキ

材料（直径15cmのケーキ1台分）

スポンジ（市販・直径15cm）… 2台
生クリーム（乳脂肪35%）…… 200ml
グラニュー糖 ……………… 20g
クリームチーズ …………… 100g
いちご ……………………… 9粒
シロップ …………………… 50g
（水50mlとグラニュー糖25gを
　火にかけて溶かす）

下準備

・スポンジ2台は横半分に切って計4枚にする。
・いちごはヘタをとって縦に薄くスライスする。
・絞り袋に星口金（7切15mm）をセットする。

作り方

1) クリームを作る。ボウルに生クリーム100mlとグラニュー糖10gを入れ、布巾で包んだ保冷剤の上におき、ハンドミキサーで8分立てにする（P.111参照）。

2) スポンジを重ねる（P.115 Recipe73の2参照）。

3) ボウルに生クリーム100mlとグラニュー糖10gを入れ、布巾で包んだ保冷剤の上におき、ハンドミキサーで6分立てにする。クリームチーズを加えてさらに混ぜ、8分立てにして絞り袋に入れる。

4) ケーキの側面に「の」の字を書くように3を絞り出しながらデコレーションする。隙間を埋めるようにクリームを絞る。ケーキの上面にお姫さまティアラをのせる。

晩餐会でシンデレラが身につけていた、
美しいドレスをケーキで
ガラスの靴を飴細工で演出。
ガラスの靴はもちろん片方だけ！

Recipe 79

ガラスの靴

材料（1台分）

パラチニット ……………… 100g

用意するもの

シルパット
高さ5cm程度の缶や本など
大きい洗濯バサミ
ステンレス製のナイフ
めん棒
モールド（飾り用）
靴の型紙

下準備

シルパットの下に靴の型紙を敷く。

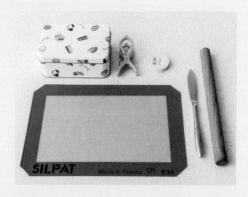

作り方

1) 鍋にパラチニットを入れて弱火にかけ、かき混ぜずに溶かして飴状になったら、火からおろす。

2) シルパットに1を流し、左右に傾けて飴を広げ、型にそってナイフの背で形を整える。ソール部分は缶や本などに固定して室温で固める。アッパー部分はめん棒などに洗濯バサミで固定して室温で固める。ヒールはそのまま固まるまで室温におく。靴飾りはモールドに流して室温で固める。

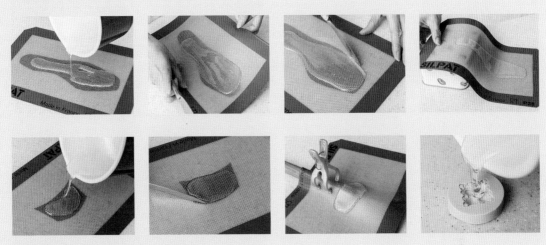

飴の温度が高いときは触れないように注意してね！

3) 固まったらシルパットからそっと外し、ソールとヒール、アッパー、飾りの順に、温めた残りの飴で接着する。

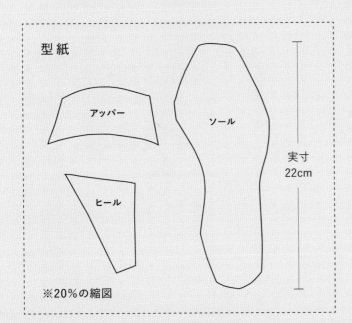

型 紙

アッパー

ソール

ヒール

実寸
22cm

※20%の縮図

memo

モールドの代わりに飾りにアラザンをつけたり、砂糖の花をつけてみたり、自由にアレンジを楽しんでみて。

ヘンゼルとグレーテルに出てくるお菓子の家はみんなの憧れ。
壁にアイシングで模様を施して
世界でひとつだけのお菓子の家を作ろう。
魔女の美容と長寿の秘訣、はちみつをたっぷり使ってね!

『ヘンゼルとグレーテル 』

『ヘンゼルとグレーテル』

絵：スーザン・ジェファーズ
訳：おおばみなこ（ほるぷ出版）

森の中へと置き去りのされてしまったヘンゼルとグレーテル。お腹を空かせた2人の前に現れたのは、なんとお菓子でできた家。その中には魔女がいて…。誰もが一度は食べたいと思ったお菓子の家が丁寧に描かれた絵本。

Recipe 80

お菓子の家

材料
（お菓子の家1台、ジンジャーマン4個分）
［クッキー］
はちみつ ………………… 200g
グラニュー糖 …………… 80g
ショートニング ………… 40g
薄力粉 …………………… 200g
強力粉 …………………… 100g
シナモンパウダー ……… 10g

［アイシング］
粉砂糖 …………………… 360g
卵白 ……………………… 2個分

下準備
・薄力粉、強力粉、シナモンパウダーは合わせてボウルにふるう。
・天板にオーブン用シートを敷く。
・絞り袋を1枚用意する。

- -

memo
屋根の飾りに市販のキャンディやグミ、ビスケット、スターアニスやシナモンなどを使って飾り付けを楽しんで。

作り方

1) 鍋にはちみつ、グラニュー糖、ショートニングを入れ、火にかけて煮溶かす。

2) ふるった粉類を入れたボウルに1を入れてゴムベラで混ぜる。生地がまとまったらラップで包んで冷蔵庫で1時間休ませる。

3) オーブンを170℃に温めはじめる。生地をめん棒で3mm厚さにのばし、ナイフで型紙に沿って切り抜き、余った生地は家の土台にし、残りは好みの型で抜く。天板に並べて170℃のオーブンで18分焼く。シートごと網にのせて冷ます。

4) アイシングを作る。ボウルに粉砂糖を入れ、卵白を少しずつ加えながら泡立て器でツヤが出るまで混ぜる。絞り袋に入れる。

5) 3に4のアイシングで模様を描く。各パーツをアイシングで接着し、壁、屋根の順に組み立てる。

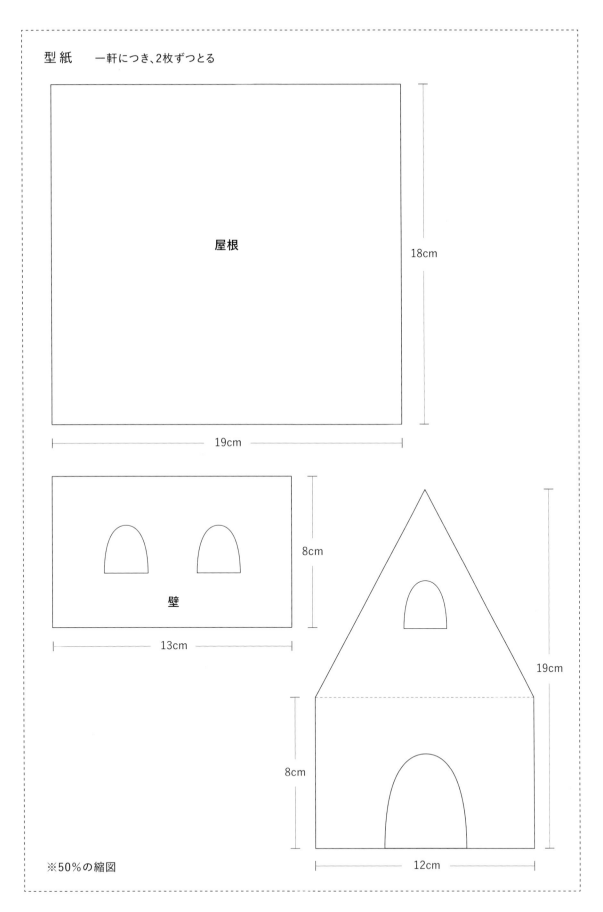

型紙　一軒につき、2枚ずつとる

屋根

18cm

19cm

壁

8cm

13cm

19cm

8cm

12cm

※50％の縮図

太田さちか

ケーキデザイナー、芸術教育士。パリ サンジェルマン・デ・プレで過ごし、慶應義塾大学、エコール・ド・リッツ・エスコフィエ、京都芸術大学大学院など日本とフランスで製菓、芸術を学ぶ。芸術教育士として、キッズクリエイティビティを軸にしたアトリエアプローチを実現。こどもとママンのための「My little days」設立。10年以上に渡り、子どもを対象にしたワークショップを展開。独自の世界観あふれる ワークショップ、レシピが好評を呼び、企業サイトやウエディングシーン、多数メディアで活躍。著書『メレンゲのお菓子 パブロバ』(立東舎)、『不思議なお菓子レシピ サイエンススイーツ』(マイルスタッフ)、『太田さちかのサイエンススイーツ 魔法のおやつをめしあがれ』(文化出版局)がある。

[撮　影] 三好宣弘
[編集・スタイリング] 長井麻記
[デザイン] 山本弥生
[制作協力] 佐野桃子

絵本のお菓子

2021年 5月17日　第1刷発行

発　行　人　山下有子

発　　　　行　有限会社マイルスタッフ
　　　　　　　〒420-0865 静岡県静岡市葵区東草深町22-5 2F
　　　　　　　TEL:054-248-4202

発　　　　売　株式会社インプレス
　　　　　　　〒101-0051 東京都千代田区神田神保町一丁目105番地

印刷・製本　株式会社シナノパブリッシングプレス

乱丁本・落丁本のお取り換えに関するお問い合わせ先
インプレス　カスタマーセンター
TEL:03-6837-5016　FAX:03-6837-5023
service@impress.co.jp(受付時間／10:00〜12:00、13:00〜17:30 土日、祝日を除く)
乱丁本・落丁本はお手数ですがインプレスカスタマーセンターまでお送りください。
送料弊社負担にてお取り替えさせていただきます。
但し、古書店で購入されたものについてはお取り替えできません。

書店／販売店の注文受付
インプレス　受注センター　TEL:048-449-8040　FAX:048-449-8041
株式会社インプレス　出版営業部　TEL:03-6837-4635